Бог-Целитель

Д-р. Джерок Ли

Бог - Целитель

Бог-Целитель Автор – д-р Джей Рок Ли
Опубликовано издательством «Урим Букс»
(Представитель: Kyungtae Noh)
73, Yeouidaebang-ro 22-gil, Dongjak-gu, Seoul, Korea
www.urimbooks.com

ISBN: 979-11-263-0038-9 03230

Впервые редакция в 2009 г.
Вторая редакция в 2015 г.

Ранее опубликовано на корейском языке издательством «Урим Букс» в 1990 г.

Редактор – д-р Гымсан Вин
Дизайн редакторского бюро издательства «Urim Books»
Отпечатано компанией «Yewon Printing»
Контактный адрес для получения большей информации: urimbook@hotmail.com

Предисловие

По мере развития материальной цивилизации и роста благосостояния нашего общества, мы начинаем осознавать, что у людей появляется все больше свободного времени и средств. Более того, чтобы укрепить свое здоровье и достичь большего комфорта, люди готовы вкладывать свои деньги и средства, изучать разнообразную информацию.

Вместе с тем, так как жизнь, старость, болезнь и смерть человека находятся под властью Бога, ими нельзя повелевать, полагаясь на силу денег или знания. Кроме того, нельзя отрицать тот факт, что несмотря на высочайшее развитие медицины, число больных неисцелимыми заболеваниями только растет.

На протяжении мировой истории, различные учителя, представители всевозможных верований и систем знания, включая Будду и Конфуция, несмотря на всю свою мудрость, обходили этот вопрос молчанием. Всех их постигала старость, болезнь и смерть. А ведь данный вопрос напрямую связан с проблемами греха и спасения человечества, выходящими за пределы возможностей человека.

Сегодня существует множество свободно доступных медицинских учреждений и лекарственных средств, которые, казалось бы, должны сделать общество здоровым. Однако болезни, начиная от обычной простуды и заканчивая неизлечимыми заболеваниями непонятного происхождения, продолжают нести горе и страдание по всему миру. Люди винят в этом то окружающую среду, то климат, полагая, что имеют дело лишь с физическими явлениями и природой.

Чтобы обрести окончательное исцеление и начать вести здоровую жизнь, каждый из нас должен понять первоначальную причину болезни. В Евангелии и истине всегда соседствуют два аспекта: наказание для не приемлющих, с одной стороны, и благословения для верующих, с другой. Воля Бога в том, что истина остается сокрытой от тех, кто подобно фарисеям и законникам считает себя умнейшими из умнейших; воля Божья также и в том, что истина открывается тем, кто подобен детям с открытыми сердцами (Лука 10:21).

Бог прямо пообещал благословлять живущих по Его заповедям, но Он также составил исчерпывающий перечень казней и болезней, которые постигнут ослушавшихся Его (Второзаконие 28:1-68).

Служа напоминанием о Слове Божьем неверующим и тем верующим, которые отошли от него, эта книга имеет своей целью наставить таких людей на путь истинный, путь здоровья и благоденствия.

По мере слышания, чтения и понимания Слова Божия, силою Бога Спасителя и Целителя, да обретет всякий из вас исцеление от болезни большой и малой, и да прибудет здоровье в вас и в ваших семьях, молю я во имя Господа нашего!

Джерок Ли

Содержание

Глава 1

Происхождение болезней и луч исцеления

Малахия 4:2

А для вас, благоговеющие пред именем Моим,
взойдет Солнце правды и исцеление в лучах Его,
и вы выйдете и взыграете, как тельцы упитанные.

Сокрытая причина болезней

Люди, желающие вести счастливую и здоровую жизнь на этой земле, придают огромное значение здоровому питанию, различным секретам долголетия. Несмотря на развитие материальной цивилизации и медицинской науки, действительность, однако, состоит в том, что страдание от неизлечимых болезней непредотвратимо.

Может ли человек полностью избавиться от агонии болезни во время жизни на этой земле?

Большинство людей склонны винить во всем климат и состояние окружающей среды, понимая под болезнью сугубо природное и физиологическое явление и полагаясь на лекарства и технологию здравоохранения. Однако стоит понять первопричину всех болезней и хворей, чтобы полностью освободиться от них.

Библия дарует нам основополагающие инструкции ведения здоровой жизни и обретения исцеления:

И сказал [Бог]: если ты будешь слушаться гласа Господа, Бога твоего, и делать угодное пред очами Его, и внимать заповедям Его, и соблюдать все уставы Его, то не наведу на тебя ни одной из болезней, которые навел Я на Египет, ибо Я Господь [Бог твой], целитель твой (Исход 15:26).

Это верное Слово Господа, повелевающего жизнью и смертью, благословением или проклятием.

Что же тогда такое болезнь, какова ее причина? В медицинском смысле, слово «болезнь» значит любую неспособность организма к нормальной работе, необычное или ненормальное состояние здоровья, вызываемое нередко бактериями. Иными словами, болезнь есть отклонение от нормы, вызванное той или иной причиной (отравление, заражение и т.д.).

В Исходе 9:8-9 имеется описание процесса, в результате которого египтян постигло воспаление с нарывами:

И сказал Господь Моисею и Аарону: возьмите по полной горсти пепла из печи, и пусть бросит его Моисей к небу в глазах фараона; и поднимется пыль по всей земле Египетской, и будет на людях и на скоте воспаление с нарывами, во всей земле Египетской.

В Исходе 11:4-7 мы читаем о том, как Бог вывел народ Израилев из Египта. Израильтяне, поклонявшиеся Богу, не страдали от «губительной язвы» тогда как египтяне, не служившие Ему и не жившие по Его воле, были поражены болезнью.

На протяжении всего библейского повествования мы

узнаем о власти Господа над болезнью, о защите от болезней тех, кто поклоняется Ему, о болезни как о наказании за грех, когда Он отвращает от грешников Свое лицо.

Какова же тогда причина недугов, почему существует страдание от болезни? Значит ли это, что Бог Творец создал болезни, дабы люди пребывали в постоянном страхе? Ведь Бог создал человека, Он повелевает всем во Вселенной с помощью благости, праведности и любви.

Создав наиболее подходящие условия для людей (Исход 1:3-25), Бог сотворил человека по своему образу и подобию, благословил его, даровал ему невероятную свободу и власть.

Некоторое время люди свободно наслаждались Божьими благословениями, следовали Его заповедям, жили в Эдемском саду, где не ведали слез, скорбей, страданий и болезней. Бог видел, что сотворенное им – хорошо весьма (Бытие 1:31), и заповедовал человеку лишь одно: *«От всякого дерева в саду ты будешь есть, а от дерева познания добра и зла не ешь от него, ибо в день, в который ты вкусишь от него, смертью умрешь»* (Бытие 2:16-17).

Однако стоило змию понять, что в уме своем люди не желают следовать заповеди Божьей, он тут же ввел в искушение Еву, жену первочеловека. Когда Адам и Ева вкусили от дерева познания добра и зла и согрешили (Бытие 3:1-6), смерть, как и предупреждал Бог, вошла в человека (Римлянам 6:23).

Совершив грех непослушания, человек получил наказание за грех, коим является смерть, дух людской оказался мертв, и между Богом и человеком прекратилось общение. Люди были изгнаны из райского сада, получив взамен юдоль скорби, слез, страдания, болезни и смерти. Земля была проклята и стала рожать сорняки и тернии, и лишь потом и кровью своей люди отныне смогли прокормить себя (Бытие 3:16-24).

Таким образом, сокровенная причина болезни кроется в первородном грехе как следствии непослушания Адама. Если бы Адам не ослушался Бога, он не был бы изгнан из Сада, обладая здоровой жизнью на все века. Иными словами, по вине одного человека, все люди стали грешниками, пребывающими в постоянном страхе перед болезнями. Не разрешив сперва проблему греха, никто не станет праведным в глазах Божьих, даже неукоснительно следуя закону (Римлянам 3:20).

Солнце правды и исцеление в лучах Его

Малахия 4:2 говорит нам, что *«для вас, благоговеющие пред именем Моим, взойдет Солнце правды и исцеление в лучах Его, и вы выйдете и взыграете, как тельцы упитанные»*. Здесь «солнце праведности» относится к Мессии.

По мере того, как человечество шло путем разрушения и

страдания от болезни, Бог преисполнился милостью и искупил наши грехи жертвой Иисуса Христа, ниспосланного Им, пролившего кровь и распятого на кресте. Посему всякий, принявший Иисуса Христа, обретает прощение грехов, спасение и право на здоровую жизнь, свободную от болезней. Через проклятье человек обречен на нескончаемые болезни до самой смерти, но по любви и благодати Божьей, нам был открыт путь исцеления и здоровья.

Когда дети Божьи сражаются против греха, вплоть до пролития крови (Евреям 12:4) и живут по Его Слову, Он защищает их, взирая на них своими огнеподобными очами, окружая их огненной стеной Духа Святого, оберегая от всякого яда и хвори. Даже если кого и постигнет болезнь, Бог исцеляет его, когда он от всего сердца кается в грехах и изменяет свои пути. Таково исцеление «солнцем праведности».

Современная медицина дала в распоряжение человека такие средства, как ультрафиолетовое излучение. Ультрафиолетовые лучи – эффективный метод дезинфекции. Они способны уничтожать до 99% кишечной палочки, дифтерии, бактерий дизентерии, туберкулеза, помогают в лечении анемии, ревматизма, кожных заболеваний. Однако даже такое мощное средство не лечит от всех болезней.

Лишь «солнце праведности», о котором говорит Писание, способно исцелить любую болезнь. Лучи солнца праведности исцеляют любой недуг, так как Божье исцеление просто и совершенно.

Незадолго до того, как была основана моя церковь, ко мне принесли умирающего человека, страдающего от паралича и рака. Он не мог говорить, потому что и язык его, да и все члены, были парализованы. Так как доктора ничего не могли больше сделать, жена больного, веровавшая в силу Слова Божия, призвала его вверить все в руки Господа. Поняв, что единственный способ сохранить жизнь – это довериться Богу, больной пытался служить Ему, даже будучи прикованным к постели, а жена искренне помогала ему в этом. Увидев силу веры этих людей, я принялся истово молиться за больного. Вскоре после того, этот мужчина, в прошлом постоянно преследовавший собственную жену за ее веру во Христа, искренне покаялся, и Бог исцелил его лучами солнца праведности, огнем Духа Святого очистил тело его. Аллилуйя! Сокрытая причина болезни была устранена, и вскоре к нему вернулась способность ходить, и он поправился. Не стоит и говорить, что прихожане церкви Манмин воздали должную хвалу Богу и возрадовались, увидев столь чудное Божье исцеление.

Тем из вас, кто преклоняется пред Именем Моим

Наш Бог есть Бог Всемогущий, создавший все во Вселенной Своим Словом, сотворивший человека из праха.

Став нашим Отцом, Господь, даже если мы заболеем и полностью будем уповать на Него в вере, узрит нашу веру и с радостью исцелит нас. Излечение средствами современной медицины невозбранимо, но Господь радуется тем чадам своим, которые верят в Его всесилие и всемогущество, искренне взывая к Нему об исцелении. Такие обязательно получают исцеление, воздавая Ему славу.

В 4 Царств 20:1-11 повествуется об Езекии, царе иудейском, которого постигла болезнь, когда Ассирия напала на его царство, и который был исцелен через три дня после молитвы Господу и его жизнь была продлена на целых пятнадцать лет.

Через пророка Исаию, Бог сказал Езекии: «*Сделай завещание для дома твоего, ибо ты умрешь, не выздоровеешь*» (4 Царств 20:1; Исаия 38:1). Иными словами, Езекия был приговорен к смерти, ему было сказано приготовиться к смерти и наладить дела царства и семьи. Однако Езекия тут же обратился лицом к стене и стал молиться Господу (4 Царств 20:2). Царь понял, что болезнь – это следствие Его отношений с Богом, отложил все в сторону и принялся молиться.

Езекия истово, слезно молился Богу, и Бог пообещал царю: «*Я услышал молитву твою, увидел слезы твои, и вот, Я прибавлю к дням твоим пятнадцать лет, и от руки царя Ассирийского спасу тебя и город сей и защищу город сей*» (Исайя 38:5-6). Мы можем только догадываться о том, насколько искренне и страстно Езекия молился Богу, когда Он сказал ему, что «видел его слезы и слышал молитву».

Бог, услышавший молитву Езекии, полностью исцелил царя, и он на третий день явился в дом Господень. Более того, Бог на пятнадцать лет увеличил срок жизни Езекии, спас его город Иерусалим от ассирийских захватчиков.

Езекия был хорошо осведомлен о том, что и жизнь и смерть в руках Господа, и поэтому молитва Богу для него была важнее всего. Бог возрадовался смиренному сердцу Езекии, его вере, пообещал царю исцеление. И когда Езекия потребовал знамение исцеления, Он возвратил тень назад, на десять ступеней лестницы Ахаза (4 Царств 20:11). Наш Бог есть Бог исцеления, любящий Отец всякому искренне ищущему.

С другой стороны, во 2 Паралипоменон 16:12-13 говорится *«И сделался Аса болен ногами на тридцать девятом году царствования своего, и болезнь его поднялась до верхних частей тела; но он в болезни своей взыскал не Господа, а врачей. И почил Аса с отцами своими, и умер на сорок первом году царствования своего».* Взойдя на трон, *«Аса делал угодное пред очами Господа, как Давид, отец его»* (3 Царств 15:11). Поначалу он был мудрым правителем, но затем потерял веру в Бога и стал все больше полагаться на людей. Поэтому царь и не смог получить помощь от Бога.

Когда Вааса, царь израильский, напал на Иудею, Аса понадеялся на Венадада, царя арамского, а не на Бога. За это

Аса был обличен провидцем Ананием, что, однако, не отвратило царя от путей его. Вместо этого он заключил Анания в темницу (2 Паралипоменон 16:7-10).

Еще перед тем, как Аса положился на Венадада, Бог вмешался в ход войны таким образом, что армия Арама не смогла завоевать Иудею. Как только Аса положился на царя арамского, а не на Бога, царь иудейский не смог более получать помощь от Него. Более того, не радовало Бога и то, что Аса больше доверял врачам, чем Ему. Потому Аса и умер всего лишь через два года после того, как он заболел ногами. Несмотря на то, что Аса исповедовал веру в Бога, он не совершал надлежащих дел, не взывал к Богу, и Всемогущий Бог ничего не смог сделать для царя.

Луч исцеления от нашего Бога может излечить любые болезни. Парализованный встанет и пойдет, слепой прозреет, глухой услышит, мертвый вернется к жизни. Потому, что Бог-Целитель обладает неограниченной властью, серьезность заболевания не имеет значения. Что простая простуда, что рак или СПИД, – для Бога-Целителя это одно и то же. Более важно то, с каким сердцем мы предстаем перед Богом: уподобляемся ли мы Асе или Езекии.

Да примете вы Иисуса Христа, да поймете проблему греха, да обретете праведность по вере вашей, да угодите Богу смиренным сердцем и верой, идущей рука об руку с делами, подобно Езекии, да обретете вы исцеление от всякой и от всех болезней, и да будете вы всегда вести здоровую жизнь, во имя нашего Господа молюсь я!

Глава 2

Хочешь ли быть здоров?

Иоанна 5:5-6

«Тут был человек,

находившийся в болезни тридцать восемь лет.

Иисус, увидев его лежащего и узнав,

что он лежит уже долгое время,

говорит ему: хочешь ли быть здоров?»

Хочешь ли быть здоров?

Существует много различных причин, когда люди прежде не знавшие Бога, начинают искать Его и приходить к Нему. Одни приходят к Нему, следуя своей доброй совести, в то время как другие встречаются с Ним во время евангелизации. Кто-то приходит к Богу, пережив тяжелое время в жизни, неудачу в бизнесе или разлад в семье. Но есть такие, кто настойчиво ищет Бога, страдая от невыносимой физической боли или страха смерти.

Как инвалид, страдавший от боли тридцать восемь лет у купальни, называемой Вифездой, вам надо полностью отдать свою болезнь в руки Бога и обрести исцеление, надо захотеть этого исцеления больше всего на свете.

В Иерусалиме возле Овечьих Ворот была купальня, по-еврейски называемая Вифездой. Она была окружена пятью крытыми подходами, в которых собирались слепые, хромые и парализованные в ожидании Ангела Господня, который по легенде периодически сходил в купальню, приводя воду в движение. Существовало поверье, что первый, кто окунется после этого в воде купальни, чье название означало «дом милости», исцелится от какой бы то ни было болезни.

Увидев человека парализованного тридцать восемь лет, лежащего у купальни и зная о его многолетних страданиях, Иисус спросил его: *«Хочешь ли быть здоров?»* Тот ответил:

«так, Господи; но не имею человека, который опустил бы меня в купальню, когда возмутится вода; когда же я прихожу, другой уже сходит прежде меня» (Иоанна 5:7).

Так человек исповедался Господу в том, что хоть он и желал больше всего на свете обрести исцеление, сам лично он сделать этого не может. Наш Господь видел сердце человека и сказал ему: *«встань, возьми постель твою и ходи»*. И человек тот сразу исцелился; и взяв матрас, на котором лежал, пошел (Иоанна 5:8)

Вы должны принять Иисуса Христа

Когда человек, бывший инвалидом в течение тридцати восьми лет, встретил Иисуса Христа, он мгновенно исцелился. Уверовав в Иисуса Христа, источник истинной жизни, он получил прощение всех своих грехов и исцеление от болезни.

Страдает ли кто из вас от болезни? Если вас мучают недомогания, если вы желаете сделать шаг к Богу и получить исцеление, вы должны сначала принять Иисуса Христа, стать Божьим чадом и получить прощение, чтобы между вами и Богом не осталось никаких преград. Вы должны поверить, что Всезнающий и Всемогущий Бог может творить любые чудеса. Вы должны также поверить, что мы все искуплены от наших болезней ранами Иисуса, поверить, что именем Иисуса Христа вы получите исцеление.

Когда мы просим с такой верой, Бог слышит наши молитвы и творит чудеса исцеления. Неважно, насколько запущена и сложна ваша болезнь, главное, отдать все ваши проблемы и болезнь в руки Бога, помня, что вы снова можете стать здоровыми в одно мгновение, когда сила Божья исцелит вас.

Когда расслабленный, описанный в Марка 2:3-12 впервые услышал, что Иисус пришел в Капернаум, он очень хотел с ним увидеться. Услышав новости о том, что Иисус исцелял от различных болезней, изгонял нечистых духов, исцелял прокаженных, парализованный подумал, что если уверует, то тоже получит исцеление. Когда оказалось, что он не мог подойти ближе к Иисусу из-за теснящей его толпы, его друзья проделали дыру в кровле дома, где находился Иисус, и спустили его вниз на матрасе прямо к Иисусу.

Можете ли вы себе представить насколько сильно желал тот парализованный человек встретиться с Иисусом? Как отреагировал Иисус на веру и посвящение парализованного больного, который не мог без помощи двигаться, не мог пробиться через толпу, но при помощи своих друзей оказался рядом с ним? Иисус не отчитал парализованного за невоспитанность, но сказал ему: *«чадо! прощаются тебе грехи твои»* и позволил тому встать и идти.

В Притчах 8:17 Бог говорит: *«Любящих меня я люблю, и ищущие меня найдут меня».* Если хотите освободиться от болезни, вы сначала должны очень захотеть исцеления, уверовать в силу Бога, которая может исцелить, и принять Иисуса Христа.

Вы должны разрушить стену греха

Вы не можете получить исцеление силой Бога, даже если и сильна вера ваша. Он не может действовать в вас, если есть стена, которая разделяет вас с Ним. Поэтому в Исаии 1:15-17 Бог говорит нам: *«И когда вы простираете руки ваши, Я закрываю от вас очи Мои; и когда вы умножаете моления ваши, Я не слышу: ваши руки полны крови. Омойтесь, очиститесь; удалите злые деяния ваши от очей Моих; перестаньте делать зло; научитесь делать добро, ищите правды, спасайте угнетенного, защищайте сироту, вступайтесь за вдову».* А в следующем 18 стихе Он обещает: *«Тогда придите – и рассудим, говорит Господь. Если будут грехи ваши, как багряное, – как снег убелю; если будут красны, как пурпур, – как волну убелю».*

Мы также читаем в Исаии 59:1-3

> *Вот, рука Господа не сократилась на то, чтобы спасать, и ухо Его не отяжелело для того, чтобы слышать. Но беззакония ваши произвели разделение между вами и Богом вашим, и грехи ваши отвращают лице Его от вас, чтобы не слышать. Ибо руки ваши осквернены кровью и персты ваши – беззаконием; уста ваши говорят ложь, язык ваш произносит неправду.*

Не знающие Бога, не принявшие Иисуса Христа,

живущие, как хочется, не понимают, что являются грешниками. Когда люди принимают Иисуса Христа своим Спасителем, получают дар Святого Духа, Святой Дух начинает обличать мир и показывать грехи и праведность, и суд. Тогда новообращенные начинают видеть свои грехи, признают их и раскаиваются (Иоанна 16:8-11).

Однако есть ситуации, когда люди не понимают в чем состоит их грех, и поэтому не искореняют его, и не могут получить ответы от Бога. Сначала они должны узнать, что Бог считает грехами. Потому что все болезни и немощи происходят от греха, и только оглянувшись назад, разрушив стену греха, сможете вы обрести исцеление.

Давайте рассмотрим что Писание говорит нам о грехе, и как разрушить стену греха, разделяющую нас с Богом.

1. Вы должны покаяться в том, что не верили в Бога и не принимали Иисуса Христа.

Библия утверждает, что наше неверие в Бога и неприятие Иисуса Христа Спасителем, является грехом (Иоанна 16:9). Многие неверующие считают, что ведут правильную жизнь, но эти люди не знают самих себя по-настоящему, потому что не знают Слова истины – Света Божьего – и не в состоянии сами различить добро и зло.

Если посмотреть на жизнь человека, уверенного в том, что он делает все правильно, в свете истины, то есть, в свете Слова всемогущего Бога, сотворившего вселенную, управляющего жизнью, смертью, проклятием и благословением, то можно обнаружить много неправедного и неистинного. Поэтому Библия говорит нам, что *«Нет праведного ни одного»* (Римлянам 3:10), и что *«делами закона не оправдается пред Ним никакая плоть»* (Римлянам 3:20)

Когда вы принимаете Иисуса Христа, каетесь в своем неверии и в том, что не принимали Иисуса раньше, становитесь чадом Божьим, а Бог становится вашим Отцом, вы можете получить ответы и исцеление от любой болезни.

2. Вы должны покаяться в том, что не любили своих братьев.

Библия говорит нам: *«Возлюбленные! если так возлюбил нас Бог, то и мы должны любить друг друга»* (1 Иоанна 4:11). Она учит, что мы обязаны любить даже своих врагов (Матф. 5:44). Если мы ненавидим своих братьев, мы проявляем непослушание Слову Божьему и согрешаем.

Иисус на кресте проявил любовь к человечеству, погрязшему в грехе и зле. Поэтому нам надо любить своих родителей, детей, братьев и сестер. В глазах Бога неправильно, если мы кого-то ненавидим или не можем простить, руководствуясь незначительными и мелочными придирками друг ко другу.

В Матфея 18:23-35 Иисус рассказывает такую притчу:

Посему Царство Небесное подобно царю, который захотел сосчитаться с рабами своими; когда начал он считаться, приведен был к нему некто, который должен был ему десять тысяч талантов; а как он не имел, чем заплатить, то государь его приказал продать его, и жену его, и детей, и всё, что он имел, и заплатить. тогда раб тот пал, и, кланяясь ему, говорил: государь! потерпи на мне, и всё тебе заплачу. Государь, умилосердившись над рабом тем, отпустил его и долг простил ему. Раб же тот, выйдя, нашел одного из товарищей своих, который должен был ему сто динариев, и, схватив его, душил, говоря: отдай мне, что должен. Тогда товарищ его пал к ногам его, умолял его и говорил: потерпи на мне, и всё отдам тебе. Но тот не захотел, а пошел и посадил его в темницу, пока не отдаст долга. Товарищи его, видев происшедшее, очень огорчились и, придя, рассказали государю своему всё бывшее. Тогда государь его призывает его и говорит: злой раб! весь долг тот я простил тебе, потому что ты упросил меня; не надлежало ли и тебе помиловать товарища твоего, как и я помиловал тебя? И, разгневавшись, государь его отдал его истязателям, пока не отдаст ему всего долга. Так и Отец Мой Небесный поступит с вами, если не простит каждый из вас от сердца своего брату своему согрешений его.

Получив прощение и милость Бога-Отца, мы, тем не менее, не можем или не желаем мириться с ошибками и проступками своих братьев, и вместо этого, начинаем враждовать, настраиваться друг против друга.

Бог говорит нам: *«Всякий, ненавидящий брата своего, есть человекоубийца; а вы знаете, что никакой человекоубийца не имеет жизни вечной, в нем пребывающей»* (1 Иоанна 3:15), *«Так и Отец Мой Небесный поступит с вами, если не простит каждый из вас от сердца своего брату своему согрешений его»* (Матф. 18:35) и умоляет нас: *«Не сетуйте, братия, друг на друга, чтобы не быть осужденными: вот, Судия стоит у дверей»* (Иаков 5:9).

Мы должны помнить, что, если не будем любить братьев, будем их ненавидеть, этим мы будем грешить и из-за этого не будем исполняться Святым Духом, и ввергнем себя в беды. Поэтому, невзирая на то, что порой наши братья нас ненавидят, огорчают, нам не следует их ненавидеть и огорчать в отместку, но лучше хранить свои сердца в истине, понимать и прощать их. Наши сердца должны быть чистыми, чтобы приносить молитвы любви за таких братьев и сестер. Когда мы понимаем, прощаем и любим друг друга с помощью Святого Духа, Бог также покажет нам Свое сострадание и милость и сотворит в нас исцеление.

3. Вы должны покаяться, если молились эгоистично.

Когда Иисус исцелил мальчика, одержимого нечистым духом, Его ученики спрашивали: *«почему мы не могли изгнать его?»* (Марк 9:28), Иисус ответил: *«сей род не может выйти иначе, как от молитвы и поста»* (Марк 9:29).

Для получения исцеления должны быть молитва и мольба о помощи. Молитвы, мотивируемые эгоизмом, не получают ответа от Бога. Бог заповедал нам: *«едите ли, пьете ли, или иное что делаете, все делайте в славу Божию»* (1 Коринфянам 10:31). Поэтому получать образование, достигать славы или власти мы должны только для славы Бога. Мы читаем у Иакова 4:2-3 *«Желаете – и не имеете; убиваете и завидуете – и не можете достигнуть; препираетесь и враждуете – и не имеете, потому что не просите. Просите, и не получаете, потому что просите не на добро, а чтобы употребить для ваших вожделений»*.

Просить об исцелении, чтобы вести здоровый образ жизни – для славы Бога. На такую молитву вы получите ответ. Но, если вы не получили исцеления даже, попросив об этом, возможно причина кроется в том, что вы ищете чего-то, что не совместимо с истиной, хотя Бог желает дать вам даже больше, чем вы просите.

Какая молитва угодна Богу? Как сказал Иисус в Матфея

6:33 *«Ищите же прежде Царства Божия и правды Его, и это все приложится вам»*, вместо беспокойства о пище, одежде и подобном, мы должны сперва угодить Богу, молясь о Его царстве и праведности, о благовестии и освящении. Только тогда Бог ответит на желания наших сердец и даст вам полное исцеление от вашей болезни.

4. Вы должны покаяться, если молились с сомнением.

Богу угодна молитва веры. Мы читаем в Евреям 11:6 *«А без веры угодить Богу невозможно; ибо надобно, чтобы приходящий к Богу веровал, что Он есть, и ищущим Его воздает»*. Об этом же написано в Иакова 1:6-7 *«Но да просит с верою, нимало не сомневаясь, потому что сомневающийся подобен морской волне, ветром поднимаемой и развеваемой. Да не думает такой человек получить что-нибудь от Господа»*.

Молитвы с сомнением показывают неверие во всемогущего Бога, неуверенность в Его силе и компетентности. Вы должны покаяться в этом, последовать примеру праотцев веры, прилежно и горячо молиться, чтобы обрести веру в сердце.

Много раз в Библии мы находим, что Иисусу нравились люди, имевшие великую веру, он выбирал их Своими работниками, осуществлял Свое служение через них. Когда люди не могли показать свою веру, Иисус укорял даже своих учеников за маловерие (Матфея 8:23-27), и всегда хвалил имевших глубокую веру, хоть они и были язычниками (Матфея 8:10).

Как вы молитесь, какова ваша вера?

Сотник в Матфея 8:5-13 подошел к Иисусу и попросил исцелить своего слугу, который лежал дома в расслаблении и жестоко страдал. Иисус сказал сотнику: *«Я приду и исцелю его»* (ст. 7), а сотник ответил: *«Господи! я недостоин, чтобы Ты вошел под кров мой, но скажи только слово, и выздоровеет слуга мой»* (ст. 8). Услышав такой ответ, Иисус сказал окружающим: *«истинно говорю вам, и в Израиле не нашел Я такой веры»* (ст. 10). В тот самый час слуга сотника выздоровел.

У Марка 5:21-43 записан пример поразительного исцеления. Когда Иисус был у моря, к нему подошел один из начальников синагоги по имени Иаир, упал перед ним на колени. Иаир умолял Иисуса. *«Дочь моя при смерти; приди и возложи на нее руки, чтобы она выздоровела и осталась жива»* (ст. 23).

Иисус пошел вместе с Иаиром, но по дороге женщина, страдавшая в течение двенадцати лет от кровотечения, подошла к Нему. Она очень настрадалась от многих врачей, потратила немалые средства, но вместо исцеления стала чувствовать себя еще хуже.

Женщина услышала, что Иисус был рядом, и в толпе, которая сопровождала Иисуса, подошла к Нему сзади и коснулась Его одежды. Потому что она верила: *«Если хотя к одежде Его прикоснусь, то выздоровею»* (ст. 28). Когда она коснулась рукой его одежды, немедленно прекратился источник крови и она почувствовала в своем теле, что исцелилась. Иисус моментально почувствовал, что сила отошла от него, повернулся к толпе и спросил: *«кто прикоснулся к Моей одежде»* (ст. 30). Когда женщина призналась, Иисус сказал ей *«дщерь! вера твоя спасла тебя; иди в мире и будь здорова от болезни твоей»* (ст. 34). Он даровал женщине спасение и благословил здоровьем.

В тот момент люди из дома Иаира пришли с сообщением *«дочь твоя умерла»* (ст. 35). На что Иисус сказал Иаиру: *«не бойся, только веруй»* (ст. 36). и пошел в его дом. Там Иисус сообщил людям: *«девица не умерла, но спит»* (ст. 39). Он обратился к девочке со словами: *«Талифа кум»* (что значит: девица, тебе говорю, встань.) (ст. 41). Девочка сразу встала и начала ходить.

Знайте, что когда просите с верой, происходит исцеление даже от очень серьезной болезни и мертвые возвращаются к жизни. Если до сего дня вы молились с сомнением, примите исцеление и укрепитесь, раскаявшись в этом грехе.

5. Вы должны покаяться в том, что нарушили Божьи заповеди.

В Иоанна 14:21 Иисус говорит нам: *«Кто имеет заповеди Мои и соблюдает их, тот любит Меня; а кто любит Меня, тот возлюблен будет Отцем Моим; и Я возлюблю его и явлюсь ему Сам».* В 1 Иоанна 3:21-22 нам также напоминается: *«Возлюбленные! если сердце наше не осуждает нас, то мы имеем дерзновение к Богу, и, чего ни попросим, получим от Него, потому что соблюдаем заповеди Его и делаем благоугодное пред Ним».* Грешник не имеет уверенности перед Богом. Но, если сердца наши невиновны в свете Слова истины, мы можем смело просить у Бога, чего пожелаем.

Как верующие вы должны знать и исполнять Десять Заповедей, которые служат кратким изложением всех шестидесяти шести книг Библии, и осознавать насколько вы исполняете их в своей жизни.

I. Не имел ли я в сердце иных богов кроме Бога?

II. Не создавал ли идолов из своего имущества, детей, здоровья, бизнеса; не поклонялся ли им?

III. Не употреблял ли я имя Бога всуе?

IV. Всегда ли соблюдал Субботу?

V. Всегда ли я чтил своих родителей?

VI. Не совершал ли я убийства в физическом или духовном смысле, ненавидя братьев и сестер, подталкивая их ко греху?

VII. Не совершал ли я прелюбодеяния, хотя бы мысленно?

VIII. Не украл ли я?

IX. Не произносил ли я ложного свидетельства против своего ближнего?

X. Не желал ли я чужого?

Вы также должны оглянуться на свою жизнь и проверить насколько вы исполняли Божьи повеление любить своего ближнего так, как вы любите себя. Если вы исполняете Божьи Заповеди и просите Его о чем-то, Бог силы исцелит вас от всех болезней.

6. Вы должны покаяться в том, что не сеяли в Бога.

Поскольку Бог управляет вселенной, Он установил свод законов духовной сферы, и как праведный судья ведет нас и всем соответственно управляет.

В 6 главе книги Даниила царь Дарий оказался в ситуации, когда ему, хоть он и был царем, не представлялось возможным спасти своего любимого слугу Даниила, которому грозила смерть во рве со львами. Поскольку Дарий лично подписал указ, он не мог нарушить закон, который сам установил. Если бы царь первым нарушил указ, кто бы его после этого уважал и служил ему? Поэтому Дарий ничего не мог сделать, хотя его любимому слуге грозила смерть из-за козней нечестивых людей.

Так же и Бог не нарушает правил и законов, которые Он сам установил. Вселенная управляется согласно порядку, установленному Им. Поэтому сказано: *«Не обманывайтесь: Бог поругаем не бывает. Что посеет человек, то и пожнет»* (Галатам 6:7).

Сколько вы сеете в молитве, столько вы получите ответов и настолько возрастете духовно, ваш внутренний человек укрепится, а дух обновится. Если вы имели болезни или немощи, но сейчас вы сеете свое время с любовью к Богу, прилежно участвуя во всех собраниях и богослужениях, вы получите благословение здоровьем и безошибочно почувствуете, что ваше тело изменяется. Если вы сеете богатство в Бога, Он защитит вас и оградит от испытаний, даст вам благословения еще большего богатства.

Когда вы поймете, как важно сеять в Бога, когда отбросите надежды на этот бренный и тленный мир, начнете собирать награды на небесах в истинной вере, тогда всемогущий Бог поведет вас к здоровой жизни.

Мы только что рассмотрели через Слово Божье что

становится стеной между Богом и человеком и почему мы живем в страданиях и болезнях. Если вы не верили в Бога и страдали от болезни, примите Иисуса своим Спасителем и начните жизнь во Христе. Бойтесь не тех, кто может убить плоть, а бойтесь Того, кто может и душу и тело погубить в геенне, храните свою веру в Бога спасения от преследований со стороны своих родителей, родственников, супругов, и других. Когда Бог признает вашу веру, Он начинает действовать и вы сможете получить благодать исцеления.

Если вы верующий, но страдаете от болезни, оглянитесь на свою жизнь, не осталось ли в ней зла: ненависти, ревности, зависти, неправды, грязи, жадности, эгоизма, убийства, ссор, сплетен, клеветы, гордыни и тому подобного. Молитесь к Богу, получайте прощение, которое Он дает в своей милости и сострадании, и получайте также исцеление как ответ на свою проблему.

Многие предпринимают попытки торговли с Богом. Они говорят, если Бог сначала исцелит от болезни, тогда они уверуют в Иисуса и будут прилежными верующими. Но, поскольку Бог знает сердца людей, то исцелит физически только после того, как человек очиститься духовно.

Я желаю вам понять, что мысли Божьи выше мыслей человеческих, желаю вам подчиниться воле Бога, чтобы ваш дух преуспевал и чтобы вы получили благословение исцеления от всех своих болезней, во имя нашего Господа я молюсь!

Глава 3

Бог-Целитель

Исход 15:26

Если ты будешь слушаться гласа Господа,

Бога твоего, и делать угодное пред очами Его,

и внимать заповедям Его,

и соблюдать все уставы Его,

то не наведу на тебя ни одной из болезней,

которые навел Я на Египет,

ибо Я Господь, целитель твой.

Почему люди болеют?

Несмотря на то, что Бог-Целитель желает, чтобы все Его чада жили здоровой жизнью, многие из них страдают от немощей, будучи не в состоянии понять причину болезни. Подобно тому, как у всякого следствия есть причина, у заболевания тоже есть предпосылка. Так как излечение от болезни следует за установлением ее причины, всякий, кто желает исцелиться, должен прежде всего понять причину болезни. Слово Божье, Исход 15:26, поможет нам поразмыслить о причинах недугов и о способах исцеления и ведения здоровой жизни.

«Господь» есть имя Божье, и значит оно *«Я есмь тот, кто Я есмь»* (Исход 3:14). Это имя также подразумевает, что его Обладатель повелевает всеми прочими существами, являясь Наивысшим Богом. Из того как Бог называет себя *«Господом исцеляющим»* (Исход 15:26), мы узнаем о Его любви, что освобождает нас от агонии болезней и о власти Бога – исцелять недуги.

В Исходе 15:26, Бог обещает: *«Если ты будешь слушаться гласа Господа, Бога твоего, и делать угодное пред очами Его, и внимать заповедям Его, и соблюдать все уставы Его, то не наведу на тебя ни одной из болезней, которые навел Я на Египет, ибо Я Господь, целитель твой».* Поэтому, если вы заболели, это свидетельствует о том, что вы недостаточно внимательно внимали Его голосу, делали неправду перед Его очами, не обращали внимание на Его заповеди.

Будучи гражданами Неба, Божьи дети должны подчиняться небесному закону. Ведь если они не следуют закону, Бог не сможет защитить их, ибо грех и есть беззаконие (1 Иоанна 3:4). Тогда болезнь усилится, и непослушные станут ее жертвами.

Давайте же внимательно разберемся в причинах болезней и в том, как власть Бога-Целителя может исцелить пребывающих в них.

Болезнь как результат греха

На протяжении всего библейского повествования, Бог постоянно напоминает нам, что причиною болезни является грех. В Иоанна 5:14 сказано: *«Потом Иисус встретил его в храме и сказал ему: вот, ты выздоровел; не греши больше, чтобы не случилось с тобою чего хуже»*. Этот стих свидетельствует нам о том, что если человек готов грешить, его может постигнуть еще более суровая болезнь, и что именно в результате греха люди заболевают.

Во Второзаконии 7:12-15 Бог обещал нам, что *«И если вы будете слушать законы сии, и хранить и исполнять их, то Господь... отдалит от тебя всякую немощь, и никаких лютых болезней Египетских, которые ты знаешь, не наведет на тебя, но наведет их на всех, ненавидящих тебя»*. В ненавидящих живет зло и грех, и на таких насланы будут болезни.

Во Второзаконии 28, известном как «Глава благословений», Бог говорит нам о тех благословениях, которые мы получим, если будем полностью следовать воле Божьей и всем Его заповедям. Он также говорит о проклятиях, которые низвергнутся на тех из нас, кто не исполняет Его заповеди и постановления.

Особенно детально описаны те болезни, которые повергнут ослушавшихся Бога. Это и чума, и тиф, и горячка, и жар, и язва, и плесень, и многое другое; *«И сойдешь с ума от того, что будут видеть глаза твои. Поразит тебя Господь злою проказою на коленях и голенях, от которой ты не возможешь исцелиться, от подошвы ноги твоей до самого темени головы твоей»* (Второзаконие 28:21-35).

Понимая, что причина болезни лежит во грехе, если заболеешь, первым делом покайся в том, что не жил по Слову Божьему, и получи прощение. Если же получишь исцеление, живя по Слову, не должен более никогда грешить.

Болезнь как результат непризнанного греха

Некоторые утверждают, что никогда не грешили, а в то же время – болеют. Однако Слово Божье говорит нам, что если мы совершаем праведное пред очами Божьими, если внимательно исполняем Его заповеди и повеления, Бог не нашлет на нас никакой недуг. Если нас поразила болезнь, то следует признать, что мы отошли от Его заветов.

Каков же тогда грех, вызывающий недуги?

Если пользуешься телом, данным тебе Богом, безответственно и бессовестно, не соблюдаешь Его заповеди, совершаешь ошибки, живешь жизнью беспорядочной, то рискуешь заболеть. Сюда же относятся и желудочно-кишечные расстройства, влекомые чревоугодием, болезни печени, проистекающие от курения и пьянства, и многие-многие другие недуги от невоздержания и непотребства.

С людской точки зрения это может и не грех, но в очах Божьих – самый настоящий. Обжорство есть грех, потому что показывает жадность и неспособность человека контролировать себя. Если заболеешь от неправильного режима питания, то знай, что твой грех – неумеренность, неправильный образ жизни и отсутствие самодисциплины. Если заболел от неприготовленной пищи, то твой грех – отсутствие терпения, значит поступаешь не по закону Божьему.

Если ты по неосторожности порезал себя, и в ране появилось нагноение, то это тоже результат греха. Если бы истинно любил Бога, Он бы защищал тебя от любых случайностей. И даже соверши ты ошибку, Бог бы предусмотрел из нее выход, потому что Он действует во благо любящим Его. Раны и ушибы вызывает суетливость и поспешность, неправедные в очах Божьих, а следовательно, являющиеся грехом.

То же касается курения и пьянства. Если знаешь, что табачный дым замутняет рассудок, вредит бронхам и вызывает рак, но все же продолжаешь курить, и если знаешь, что алкоголь разрушает внутренние органы, но все еще не можешь бросить, то совершаешь грех. Ведь это говорит о твоей неспособности контролировать себя, о жадности, о безответственном отношении к собственному телу, о том, что не следуешь воле Божьей. Или же все это не грех?

Если даже нет у нас полной уверенности, что все болезни суть последствия греха, мы можем удостовериться в этом, сравнив тот или иной случай с тем, что говорит Слово Божье. Мы должны быть послушными Богу, жить по Его Слову, и только тогда освободимся от оков болезней. Иными словами, когда поступаем праведно в очах Божьих, внимательно исполняем Его заповеди, соблюдаем все Его постановления, Он защитит нас и избавит от всяких недугов.

Болезни, вызываемые неврозом, и другие нервные расстройства

Статистика свидетельствует, что все больше людей страдают от неврозов и других нервных расстройств. Если человек обладает долготерпением, как тому учит Слово Божье, всепрощением, любовью, пониманием истины, то ему не составит труда исцелиться от таких болезней. Однако зло в сердцах людских препятствует им жить по Слову. Расстройство сознания разрушает весь организм и иммунную систему, провоцируя другие заболевания. Когда же мы живем по Слову, наши эмоции пребывают в покое, мы не впадаем в гнев, наше сознание остается трезвым.

Есть и такие, которые кажутся не злыми, а добрыми, и все же страдают от таких болезней. Так как они пытаются сдерживать даже самые обыкновенные эмоции, то страдают от более серьезного недуга, чем те, которые открыто демонстрируют свой гнев. Благость есть не агонизирующий конфликт между противоположенными эмоциями, а понимание друг друга во всепрощении и любви, самодисциплина и долготерпение.

Кроме того, когда люди совершают грех и знают об этом, они страдают от депрессии, объясняющейся внутренней борьбой и противоречиями. Отвратившись от пути благости, они укореняются во зле, расстройство духа вызывает недуг тела. Нам следует знать, что неврозы и прочие душевные болезни случаются по вине самих больных, являясь результатом глупости и распущенности. Но даже и в таких случаях, Бог любви исцелит всех искренне ищущих Его и желающих Божьего исцеления. Более того, Он также дарует им надежду вечной жизни на Небесах, позволит им жить долго и счастливо.

Болезни, насланные врагом дьяволом, тоже от греха

Некоторые люди одержимы сатаной и страдали от всех болезней, которые наслал на них враг дьявол. Происходит это потому, что они забыли волю Божью и отошли от истины. Особенно много таких в семьях идолопоклонников, так как Бог ненавидит идолопоклонство.

В Исходе 20:5-6 сказано: «*Не поклоняйся им и не служи им, ибо Я Господь, Бог твой, Бог ревнитель, наказывающий детей за вину отцов до третьего и четвертого рода, ненавидящих Меня, и творящий милость до тысячи родов любящим Меня и соблюдающим заповеди Мои*». Он особо заповедовал нам не служить идолам. Из десяти заповедей Божьих первые две – «*Да не будет у тебя других богов пред лицем Моим*» (ст. 3) и «*Не делай себе кумира и никакого изображения того, что на небе вверху, и что на земле внизу, и что в воде ниже земли*» (ст. 4) – потому с легкостью можно сказать, что Бог ненавидит идолопоклонство.

Если родители проявляют непослушание воли Божьей и служат истуканам, то их дети, естественно, последуют пагубному примеру. Если родители проявляют непослушание воли Божьей и творят злодеяния, то их дети, естественно, будут творить злодеяния. Когда грех непослушания достигает третьего и четвертого колена, в наказание за грех, потомки будут ужасно страдать от болезней, насылаемых на них врагом дьяволом.

Но если родители поклонялись идолам, а их благие сердцами дети служат Богу, Он явит свою любовь и милость и благословит их. Даже если в настоящий момент некто страдает от насланной врагом дьяволом болезни, забыв о воле Божьей и вступив на путь неправды, стоит ему покаяться и отвратиться от греха, и получит очищение от Бога-Целителя. Некоторых Он исцелит незамедлительно, другие получат исцеление позже, прочие же – согласно росту веры. Дело исцеления происходит по воле Божьей: те, у кого сердце верное, будут исцелены незамедлительно, а те, у кого сердце изменчивое, будут исцелены позже.

Мы исцеляемся живя верой

Моисей же был человек кротчайший из всех людей на земле (Числа 12:3), он был верен Богу во всем, был преданным и надежным слугой Божьим (Числа 12:7). Библия также говорит нам, что когда Моисей умер в возрасте ста двадцати лет, его зрение оставалось зорким, и сила не покинула его (Второзаконие 34:7). Авраам был послушен Богу, в вере своей он почитал Его и ходил в страхе Божьем, потому и прожил до 175 лет (Бытие 25:7). Даниил обладал крепким здоровьем, хотя питался только овощами (Даниил 1:12-16), а Иоанн Креститель отличался незаурядной силой, хотя в пищу потреблял саранчу и дикий мед (Матфея 3:4).

Удивительно, что библейским мужам удавалось сохранять здоровье, даже полностью отказавшись от мяса. А вместе с тем, когда Бог создал человека, Он заповедовал ему питаться лишь плодами. В Бытии 2:16-17 Бог говорит человеку: «*И заповедал Господь Бог человеку, говоря: от всякого дерева в саду ты будешь есть, а от дерева познания добра и зла не ешь от него, ибо в день, в который ты вкусишь от него, смертью умрешь*». После акта непослушания, совершенного Адамом, Бог велел принимать в пищу плоды возделываемых культур (Бытие 3:18), и по мере усиления греха в мире сем, после Великого Потопа, Бог сказал Ною в Бытии 9:3: «*Все движущееся, что живет, будет вам в пищу*». По мере умножения зла в душах человеческих, Бог разрешил людям питаться мясом, кроме мяса «нечистых» животных (Левит 11; Второзаконие 14).

Во времена Нового Завета Бог сказал нам, в Деяниях 15:29, «*воздерживаться от идоложертвенного и крови, и удавленины*». Он разрешил нам потреблять пищу, приносящую пользу здоровью, и повелел отказаться от пищи, приносящей вред. Отказ от питья и пищи, презренных Богом, приносит здоровью только пользу. Жизнь по воле Божьей и по вере укрепляет организм, исцеляет и оберегает от болезней.

Кроме того, праведная жизнь искореняет болезнь, так как две тысячи лет назад Иисус Христос пришел в этот мир, чтобы взять на себя все наши бремена. Мы верим, что Иисус, пролив свою кровь за нас, искупил наши грехи, Он взял на Себя наши немощи и понес болезни (Матфея 8:17) и ранами Его мы исцелились (Исайя 53:5-6; 1 Петра 2:24). Сие исцеление мы принимаем верой.

До встречи с Богом мы были лишены веры. Мы жили, следуя вожделениям греховной плоти, и страдали от неисчислимых болезней, что являлось следствиями наших прегрешений. Живя же по вере, совершая должное и праведное, мы получаем благословение – крепкое физическое здоровье.

Здоровье духа приводит к ясному уму и здоровью телесному. Пребывая в праведности, поступая по Слову Божьему, мы будем исполнены Святым Духом. Недуги оставят нас, мы обретем крепкое здоровье, перестанем болеть. Мы будем пребывать в мире, в свете, в радости и здоровье, радуясь и благодаря Бога за этот дар.

Поступайте же праведно и по вере, и будет преуспевать дух ваш, а все болезни и недуги покинут вас! Пусть Господь дарует вам исцеление и крепкое здоровье! Пусть потоки Его нескончаемой любви изольются на вас, послушных Ему и живущих по Его Слову – во имя Господне молюсь об этом!

Глава 4

Ранами Его мы исцелились

Исайя 53:4-5

Но Он взял на Себя наши немощи

и понес наши болезни; а мы думали,

что Он был поражаем, наказуем и уничижен Богом.

Но Он изъязвлен был за грехи наши

и мучим за беззакония наши;

наказание мира нашего было на Нем,

и ранами Его мы исцелились.

Иисус Сын Божий врачеватель всякой немощи

В жизни каждый из нас сталкивается со множеством проблем. Подобно морю, редко пребывающему в спокойствии, жизненный океан вовлекает нас в пучину трудностей в семье, на работе, в бизнесе, с финансами и со здоровьем и т.п. Не будет большим преувеличением заявить, что из всех жизненных неурядиц самая большая – это проблема со здоровьем.

Независимо от глубины ваших познаний и размера кошелька, стоит серьезной болезни постигнуть вас, и все, о чем вы заботились на протяжении жизни, превратиться в мыльный пузырь. С одной стороны, известно, что рост материального благосостояния положительно сказывается на здравоохранении. С другой стороны, независимо от того, какой прогресс совершает наука и медицина, появляются все новые, редкие и сложные заболевания, против которых человек, со всем его знанием, бессилен. Число больных не сокращается, а только растет. Вероятно, потому-то все больше ныне говорят о здоровье.

Страдание, болезнь и смерть, идущие рука об руку со грехом, кладут придел всем начинаниям людским. Как и в стародавние времена, Бог-Целитель ныне дает нам, верующим в него, возможность исцеления через Иисуса Христа. Давайте же обратимся к Библии и разберемся, почему исцеление и здоровье дарованы людям через веру в Иисуса Христа.

Когда Иисус спросил апостолов о том, кем Он является, Симон Петр ответил: *«Ты – Христос, Сын Бога Живаго»* (Матфея 16:15-16). Ответ сей звучит просто, но здесь сказано, что именно Иисус является Христом (Мессией).

Во времена Христа огромные толпы следовали за Ним в надежде на мгновенное исцеление. Были среди них и одержимые бесами, и припадочные, и расслабленные, и многие другие, пораженные немощами. Получившие исцеление одним лишь прикосновение Христовым, прокаженные, калеки, слепцы и прочие, тут же становились Его служителями и последователями. Удивительно зрелище исцеления! Засвидетельствовав чудеса исцеления, люди склонялись к вере во Христа, обретали ответы на неразрешимые вопросы жизни и смерти; больные же обретали дар здоровья. Более того, подобно тому, как Иисус исцелял смертных во времена своего земного служения, Он дарует исцеление верующим и поныне.

Человека, мало чем отличавшегося от того расслабленного, однажды привели на пятничное всенощное собрание вскоре после основания моей церкви. После ДТП этот мужчина проходил длительный курс больничной терапии. Однако по причине растяжения сухожилий в коленном суставе и неподвижности икр, он не мог сгибать колени и самостоятельно передвигаться. Услышав проповедуемое мною Слово, он пожелал тут же принять

Иисуса Христа и исцелиться. Я искренне помолился за калеку, после чего тот сразу же обрел способность не только ходить, но и бегать. Подобно калеке у Красных Врат Храма, который начал ходить после молитвы Петра (Деяния 3:1-10), чудесный промысел Божий был явлен людям.

Это служит доказательством того, что верующие во Христа Иисуса, получившие прощение именем Его, могут обрести полнейшее исцеление, даже если медицинская наука потерпела поражение, ведь Господь обновляет человеческие тела. Бог есть тот же, что и вчера, и завтра, и в вечности (Евреям 13:8), совершает свой промысел в людях, верующих в Его Слово и искренне ищущих Его в вере, исцеляет болезни, дарует зрение незрячим, ставит на ноги расслабленных.

Всякий, принявший Иисуса Христа, получивший прощение грехов, ставший чадом Божьим, должен теперь жить свободной жизнью.

Давайте же подробно рассмотрим, почему вера во Христа дарует здоровье.

Иисус был изъязвлен и пролил кровь

До распятия на кресте, Иисус был бичеван римскими солдатами и пролил свою кровь в судилище Понтия Пилата. Римские солдаты отличались крепким здоровьем, незаурядной силой и физической подготовкой. Ведь они были воинами империи, которая правила миром.

Чудовищная боль, которую испытывал Христос, попираемый этими солдатами, не может быть описана словами. Каждый удар плетьми вырывал целые куски плоти; потоки крови Христовой струились по всему Его телу.

Почему Иисус, Сын Божий, безгрешный праведник, должен был принять столь чудовищные кары за наши грехи? А ведь в тех давних событиях заключен великий духовный смысл, свидетельствующий о чудесном провидении Божьем.

В 1 Петра 2:24 сказано, что ранами Христа мы исцелились. В Исаии 53:5 также написано, что мы исцелились Его ранами. Около двух тысяч лет тому назад Иисус Христос, Сын Божий, пострадал во искупление наше, пролил свою кровь за наши грехи, за то что мы жили не по Слову Божью. Уверовав во Христа истязаемого и кровоточащего, очищаемся от болезней, обретаем исцеление. Такова удивительная мудрость и любовь Божья!

Посему, ежели чадо Божье страдает от болезни, должно ему покаяться во грехах и уверовать в то, что исцеление уже было даровано ему. Ведь *вера есть осуществление ожидаемого и уверенность в невидимом»* (Евреям 11:1), и даже если чувствуешь боль и недомогание в членах, верою скажи: «Исцелился», – и обретешь исцеление.

Будучи еще школьником, однажды я повредил ребро. Временами боль от перелома возвращалась и была так невыносима, что я с трудом дышал. Через год или два после того, как я принял Иисуса Христа, я попытался передвинуть некую тяжесть, но вдруг почувствовал такую острую боль, что даже не смог и шагу ступить. И все же, веруя во всесилие Божье, я тут же принялся искренне молиться: «Пусть вскоре после молитвы боль пройдет и я снова буду в порядке». Веруя в одного лишь Всесильного Бога, я избавился от боли, смог встать на ноги и идти. Казалось, что боль была лишь в моем воображении.

Как учит нас Иисус в Марка 11:24, *«Всё, чего ни будете просить в молитве, верьте, что получите, – и будет вам»*. Если верим, что уже исцелились, то и получим исцеление по вере своей. Не веруя же в исцеление, оправдываясь физической болью, не получим исцеления от болезни. Иными словами, лишь преодолев мысленные оковы, открываем мы дорогу вере.

Потому Бог и говорит нам, что плотские помышления есть вражда против Бога (Римлянам 8:7), призывает нас все мысли подчинить Богу (2 Коринфянам 10:5). Кроме того, в Матфея 8:17 говорится, что Иисус взял на себя наши немощи и болезни. Если думаешь, что слаб, останешься слабым. И вместе с тем, неважно как тяжела и невыносима твоя жизнь, тебе нужно исповедывать: «Во мне сила и благодать Божья, и Дух Святой руководит мной, потому я не чувствую слабости», – и всякая слабость отступит, и станешь выносливым телом и крепким духом.

Воистину, если мы верим во Христа Иисуса, который взял на себя наши немощи и болезни, то нет нужды нам страдать от этих болезней.

Когда Иисус увидел их веру

Дабы получить исцеление ранами Иисуса нам нужна вера. Ныне многие, не веровавшие прежде во Христа Иисуса, предстают пред Ним со своими немощами. Некоторые тут же обретают исцеление, стоит им принять Иисуса Христа, другие не показывают признаков исцеления даже спустя многие месяцы молитвы. Таким нужно пристально посмотреть на состояние их веры.

Руководствуясь повествование в Марка 2:1-12, давайте рассмотрим, как парализованный и его друзья продемонстрировали свою веру, вверились в целительные руки Господа и воздали славу Богу.

Когда Иисус пришел в Капернаум, новость об Его прибытии быстро распространилась среди населения, и многие собрались, дабы встретиться с Ним. Иисус проповедовал им Слово Божье, истину, и толпа внимала Ему, жадно глотая каждое слово Иисуса. Именно в тот самый момент, четверо принесли Ему расслабленного, не в состоянии, впрочем, пробраться поближе к Учителю.

Но они не сдавались. Они поднялись на крышу дома, в котором находился Иисус, сделали в ней отверстие, и спустили через него постель с расслабленным. Когда Иисус увидел их веру, он сказал расслабленному: «Сын мой, твои грехи прощены... встань и иди», после чего тот обрел столь желанное исцеление. Когда человек взял свою постель и вышел из дома, волна изумления прокатилась по собравшимся, которые немедленно восславили Бога.

Расслабленный страдал от столь серьезного недуга, что не мог самостоятельно передвигаться. Услышав весть об Иисусе, возвращающем зрение слепцам и силы калекам, исцеляющем прокаженных, изгоняющем бесноватых и пребывающих в немощи, он искренне захотел встретиться с Ним. У него было доброе сердце, и поэтому, услышав благую весть и узнав, где находится Иисус, он тут же вознамерился встретиться со Христом.

Однажды расслабленный услышал, что Иисус пришел в Капернаум. Можете вы представить себе, какой радостной вестью было это для того человека? Он наверняка призвал друзей на помощь, и эти друзья, к счастью, обладавшие незаурядной верой, тут же выполнили просьбу расслабленного. Ведь и они слышали уже об Иисусе, и потому согласились помочь другу, пребывающему в немощи.

А ведь, если бы они проигнорировали просьбу расслабленного, если бы спросили у него: «Неужели ты веришь в то, чего не видел своими глазами?» – они бы не стали преодолевать все трудности встречи со Христом. Но обладая верой, они принесли друга на носилках, и даже сообразили спустить его в дом через отверстие в кровле.

Проделав трудный путь и увидев огромную толпу, препятствующую встрече с Иисусом, они могли отказаться от своей идеи. Наверное, им пришлось просить, умолять, чтобы их пропустили к Учителю. Но людей было так много, что их никто даже не слушал. Наконец, они решили подняться на крышу дома, в котором находился Иисус, сделали отверстие и спустили своего друга внутрь, прямо напротив Христа. Расслабленный получил возможность находиться ближе к Нему, чем кто-либо другой из собравшихся. История эта показывает нам силу страстного желания расслабленного и его друзей видеть Иисуса.

Мы должны обратить внимание на тот факт, что для парализованного и его друзей встреча со Христом была не простым делом. Они прошли через множество испытаний, чтобы встретиться с Ним, потому что верили в Него и в Его учение. Более того, преодолевая многочисленные трудности, изо всех сил пытаясь предстать перед Христом, эти люди явили также пример незаурядного смирения.

Когда толпа увидела, как они поднимаются на крышу и пытаются проникнуть внутрь дома, не одно ругательство, наверное, раздалось в их адрес. Мало ли что могло случиться! И все же для тех пятерых не было никаких препятствий. После исцеляющей встречи с Иисусом они были готовы восстановить любой причиненный дому ущерб.

А ведь редко увидишь такое дерзновение в вере, особенно среди больных и членов их семей. Скорее, скажут они: «Я очень болен. Я бы и хотел прийти, но не могу». Или: «Мой родственник болен, его нельзя двигать». Прискорбно видеть пассивность человеческую, когда человек в унынии своем ждет, пока яблоко само упадет ему в рот. У таких людей мало веры.

Если исповедуешь веру в Бога, то по искренности будут судить о твоей вере. Не дано увидеть действие исцеляющей силы Божьей тем, для кого вера есть лишь мертвое знание. Лишь те, для кого вера и дела нераздельны, обладают живой верой, верой богоданной и духовной. Поэтому, подобно тому как расслабленный получил от Бога исцеление по вере, мы должны сделаться мудрыми, воочию являя Ему веру живую, ибо только тогда сможем обрести веру духовную и засвидетельствовать Его чудеса.

Твои грехи прощены

Расслабленному, представшему перед Ним, Иисус сказал: «Сын мой, твои грехи прощены», – и таким образом разрешил проблему греха. Ведь невозможно получить от Бога ответы, если тебя отделяет от Него стена греха. Потому-то прежде всего Иисус простил грехи расслабленному, пришедшему к Нему с основанием веры.

Если мы искренне исповедуем веру в Бога, как говорит Библия, мы должны предстать пред Ним должным образом. Следуя заповедям, наставлениям Божьим о том, что нельзя делать, а что должно, грешник сделается праведником, а лжец – честным и надежным. Когда мы исполняем Слово истины, наши грехи очищаются кровью нашего Господа, и когда мы получаем прощение, на нас снисходит исцеление и покровительство Божье.

Так как всякая болезнь происходит от греха, то после разрешения проблемы греха, устанавливается основание для действия исцеляющей силы Божьей. Подобно тому, как лампочка загорается и станок начинает работать после того, как по проводам пускают ток, увидев основание нашей веры, Бог прощает нас и начинает совершать чудеса.

«Вставай, бери свою постель и иди». Сколь утешительны эти слова! Узрев веру расслабленного и его друзей, Иисус разрешил проблему греха, после чего тому тут же вернулась способность ходить. К нему снова вернулось здоровье. Так же и мы, если желаем получить избавление не только от болезней, но и вообще от всяких проблем, должны прежде всего помнить, что должно сперва получить прощение и очистить наши сердца.

Когда у людей мало веры, они пытаются найти прибежище в медицинской науке, но стоит им обрести веру, и обратятся к Богу, станут жить по Его Слову, и тогда никакая болезнь не коснется их. И даже если заболеют, то сразу же обратят свой взор назад, покаются в совершенных грехах, отвратятся от путей греховных, и тут же получат исцеление. Я знаю, что многие из вас прошли через это.

Не так давно у одного старейшины из моей церкви диагностировали позвоночную грыжу, и он внезапно потерял способность ходить. Он тут же оглянулся на свою жизнь, покаялся, и получил мою молитву. Он незамедлительно ощутил исцеляющее прикосновение Господа и выздоровел.

Когда одна девочка страдала от жара, ее мать поняла, что крутой нрав был причиной заболевания дочери. Она покаялась, и ребенок тут же исцелился.

Чтобы спасти все человечество, вступившее, по вине непослушания Адама, на путь разрушения, Бог послал Иисуса Христа в этот мир, позволил Ему понести проклятие и быть распятым на кресте вместо нас. Ибо Библия говорит, что *«без пролития крови не бывает прощения»* (Евреям 9:22), и что *«проклят всяк, висящий на древе»* (Галатам 3:13).

Зная теперь, что проблема греха от греха и происходит, мы должны искренне покаяться во грехах, уверовать во Христа Иисуса, избавившего нас от всех болезней, и по вере сей вести здоровую жизнь. Многие братья ныне испытывают исцеления, свидетельствуя силу Божью, проповедуя Бога Живого. Это показывает нам, что всякий принимающий Иисуса Христа и просящий именем Его, обретает избавление от болезни. Не важно, сколь страшна болезнь, если веришь во Христа Иисуса, пострадавшего и пролившего кровь, невероятные исцеления возможны.

Вера, совершенствуемая делами

Подобно тому, как расслабленный был исцелен, после того как он и его друзья явили веру в Иисуса, если мы желаем, чтобы желания наших сердец исполнились, мы тоже должны являть Богу веру, идущую рука об руку с делами. Чтобы читатель смог лучше понять смысл слова «вера», позволю себе привести короткий пример.

У живущих во Христе «вера» состоит (и объясняется) из двух категорий. «Плотская вера» или «вера как знание» относится к той вере, которая происходит из физического доказательства и из соответствия Слова опыту и знанию. С другой стороны, «духовная вера» есть вера в невидимое, вера даже если это несоответствует предыдущему опыту и знанию.

В соответствии с «плотской верой» мы верим в то, что нечто очевидное проистекает из не менее очевидного. По «духовной вере», которая не проистекает из собственного знания и опыта, мы верим в то, что нечто невидимое является следствием чего-то также невидимого. Последняя требует отказа от рассуждения, прежнего опыта и знания.

С момента рождения в нашем сознании накапливается огромный объем знаний. Память хранит то, что мы видели или слышали, дома или в школе, в различных ситуациях и условиях. Но так как не всякое знание истинно, от всего, что не соответствует Слову Божьему, следует отказаться. Например, в школе нас учат, что все живое на Земле развилось из одного многоклеточного организма, но Библия гласит, что все твари были сотворены Богом. Как быть? Даже наука не приемлет уже теорию эволюции безусловно. Как возможно, даже по меркам человеческого разума, что обезьяна стала человеком, а у лягушки, пусть даже за сто миллионов лет, выросли крылья? Логика сама говорит в пользу сотворения.

Также и при трансформации «плотской веры» в «духовную веру», ваши сомнения уйдут на второй план, и вы сможете твердо стоять на скале веры. Кроме того, если исповедуете веру в Бога, то должно вам обратить Слово в дело. Если исповедуете веру в Бога, должно вам быть светом во тьме, хранить День Господень, возлюбить ближнего, исполнять веления Слова истинного.

Если бы расслабленный из повествования в Марке 2 остался дома, то не получил бы исцеления. Но он верил, что стоит ему предстать пред Христом, и тут же будет исцелен. Потому он приложил к этому все силы, все возможности, являя свою незаурядную веру, в результате чего и был исцелен. Но даже, если будешь сотню раз твердить молитву о строительстве дома, сам собой он не построится. Для этого надо поработать, соорудить основание, установить перекрытия и т.д., короче говоря, требуются «дела».

Если вы или кто-либо в вашей семье страдаете от болезни, верьте в прощение Божье и Божью исцеляющую силу, являя Ему любовь друг ко другу, которая и будет соделана Им в качестве основания вашей веры. Некоторые говорят, что для исцеления, как и для всего на свете, когда-нибудь придет свое время. Помните, однако, что это время придет не раньше, чем будет заложен достойный фундамент веры пред очами Божьими.

Да обретете вы ответ на молитвы об исцелении, и обо всем, чего бы ни попросили, воздавая славу Богу, молюсь я во имя нашего Господа!

Глава 5

Сила исцелять немощи

Матфея 10:1

И призвав двенадцать учеников Своих,

Он дал им власть над нечистыми духами,

чтобы изгонять их и врачевать всякую болезнь

и всякую немощь.

Сила исцелять болезни и немощи

Есть много способов доказать неверующим, что Живой Бог существует. Исцеление болезни – один из таких методов. Когда человек страдает от неизлечимой и смертельной болезни, против которой медицинская наука бессильна, и получает исцеление, он уже не может отрицать силы Бога Творца, приходит к вере в эту силу и воздает Ему славу.

Несмотря на богатство, власть, знаменитость, или знания, многие люди сегодня не способны решить проблему болезни и продолжают страдать. Многие болезни не поддаются лечению даже наиболее продвинутыми формами медицинской науки. Когда же человек верит во всемогущего Бога, полагается на Него, предает Ему проблему болезни, все неизлечимые и смертельные болезни могут быть исцелены. Наш Бог – всемогущий Бог, для Него нет ничего невозможного. Он может сотворить нечто из ничего, заставить сухую трость дать почки и расцвести (Числа 17:8), оживить умершего (Иоанна 11:17-44).

Сила нашего Бога действительно может исцелить от любой болезни. В Матфея 4:23 читаем: *«И ходил Иисус по всей Галилее, уча в синагогах их и проповедуя Евангелие Царствия, и исцеляя всякую болезнь и всякую немощь в людях»*. И в Матфея 8:17, *«да сбудется реченное через пророка Исаию, который говорит: Он взял на Себя наши немощи и понес болезни».* В этих отрывках дважды встречаются слова «болезнь» и «немощь».

Слово «немощи» здесь не подразумевает относительно легких заболеваний, таких, как простуда или недомогание от усталости. Здесь имеются в виду аномальные отклонения с нарушениями функций тела, когда отдельные части тела или органы парализованы или дегенерировали в результате несчастного случая, ошибки родителей или самого немощного. Например, немота, глухота, слепота, хромота, или увечность, детский паралич (полиомиелит) и другие – которые не поддаются лечению человеческим знанием – могут быть классифицированы как «немощи». Итак, причиной некоторых недугов является несчастный случай, ошибка родителей, или собственная ошибка страдающего. Но бывает, что человек страдает физическим недостатком, как в случае со слепорожденным в Иоанна 9:1-3, дабы явлена была слава Божия. Однако, такие случаи редки, поскольку большинство страдает по причине собственного невежества или человеческих ошибок.

Когда человек совершает покаяние и принимает Иисуса Христа, желая веры в Бога, Он дает ищущему Духа Святого как дар. Принимая Святого Духа, человек приобретает право стать чадом Божиим. Когда Святой Дух прибывает с человеком, большинство болезней исцеляется, за исключением только самых тяжелых и серьезных случаев. Сам факт того, что человек принял Духа Святого, уже позволяет огню Святого Духа сойти на человека, выжечь и полностью уничтожить раны человека. Более того, если страдающий находится даже в критическом состоянии, но искренне молится в вере, разрушает стену греха между собой и Богом, отворачивается от греховных путей, раскаивается – получит исцеление по вере.

Понятие «Огонь Святого Духа» относится к огненному крещению, которое имеет место после того, как человек принимает Святого Духа. Огненное крещение – принятие Божьей силы. Когда духовные очи Иоанна Крестителя были открыты и он обрел способность видеть ими, он описал огонь Духа Святого, как «крещение огнем». В Матфея 3:11 Иоанн Креститель говорит: *«Я крещу вас в воде в покаяние, но Идущий за мною…будет крестить вас Духом Святым и огнем».* Крещение огнем проходит не в любое время, а только когда принимающий его исполнен Духом Святым. Поскольку огонь Духа Святого всегда сходит только на исполненного Духом Святым, все его грехи и болезни выжигаются и он обретает здоровье.

Когда огненное крещение выжигает проклятие болезни, большинство болезней исцеляется, увечья же не могут быть выжжены даже огненным крещением. Как же могут быть исцелены физические пороки?

Все физические немощи могут быть исцелены только Богом данной силой. Поэтому, мы находим в Иоанна 9:32-33 следующее: *«От века не слыхано, чтобы кто отверз очи слепорожденному. Если бы Он не был от Бога, не мог бы творить ничего».*

В Деяниях 3:1-10 есть сцена, когда Петр и Иоанн, оба получившие силу Божию, помогают встать хромому от рождения, который просил милостыню у Красных ворот храма. Когда Петр (стих 6) сказал: *«серебра и золота нет у меня; а что имею, то даю тебе: во имя Иисуса Христа Назорея встань и ходи»,* поднял его за правую руку, его ступни и колени немедленно укрепились и он начал хвалить Бога. Когда народ увидел того, кто ранее был хром, ходящим и хвалящим Бога, все исполнились ужаса и изумления.

Если кто-то хочет получить исцеление, он должен обладать верой, которой он верит в Иисуса Христа. Тот хромой может и был только нищим, но когда о нем помолились получившие силу от Бога, он смог получить исцеление потому, что верил в Иисуса Христа. Поэтому Писание говорит нам: *«И ради веры во имя Его, имя Его укрепило сего, которого вы видите и знаете, и вера, которая от Него, даровала ему исцеление сие перед всеми вами»* (Деяния 3:16).

В Матфея 10:1 мы читаем, что Иисус дал Своим ученикам власть над нечистыми духами, чтобы изгонять их и врачевать всякую болезнь и всякую немощь. В Ветхозаветные времена Бог дал власть исцелять немощи Своим возлюбленным пророкам, включая Моисея, Илию, Елисея. В Новозаветные времена Божия сила была с такими апостолами, как Петр и Павел и верными работниками

Стефаном и Филиппом.

Как только кто-то получает силу Божию – нет ничего невозможного, потому, что он может помочь подняться хромому, исцелить страдающих детским параличом и дать им возможность ходить, слепому дать зрение, вернуть слух глухому и открыть уста немому.

Разные пути исцеления немощей

1. Сила Божия исцелила глухого и немого.

В Евангелии от Марка 7:31-37 есть сцена, в которой сила Божия исцеляет глухого и немого. Косноязычного привели к Иисусу и умоляли Его возложить на него руку. Иисус отвел его в сторону и вложил персты Свои в уши ему. Затем Он плюнул и коснулся языка его. Он воззрел на небеса, вздохнул и сказал ему: «еффафа», (то есть: отверзись). И тотчас отверзся у него слух и разрешились узы его языка, и стал говорить чисто.

Не мог ли Бог, сотворивший Своим Словом все во вселенной, исцелить этого человека также Своим Словом? Почему Иисус вложил пальцы в уши глухому? Поскольку глухие не слышат звуков и общаются при помощи знаков, этот глухой не мог бы обрести веру, если бы Иисус говорил ему, как другим. Поскольку Иисус знал, что веры у этого человека нет, то и вложил персты свои ему в уши, чтобы через прикосновение тот мог обрести веру, которой мог быть исцелен. Самый важный элемент исцеления – вера, которой человек верует, чтобы быть способным получить исцеление. Иисус мог исцелить человека Своим Словом, но поскольку глухой не мог слышать, Иисус насадил веру и позволил тому человеку получить исцеление применив этот метод.

Почему Иисус плюнул и коснулся его языка? Тот факт, что Иисус плюнул, говорит нам, что нечистый дух был причиной немоты. Если кто-то без видимой причины плюнет вам в лицо, как вы это воспримете? Это осквернение, действие, полностью отказывающее человеку в уважении. Поскольку плевок в целом символизирует неуважение и унижение кого-либо, Иисус плюнул, изгоняя нечистого духа.

В книге Бытия находим место, где Бог проклинает змея, сказав, что тот будет есть прах во все дни жизни. Другими словами, это Божие проклятие на врага дьявола и сатану, который подстрекал змея уловить человека, сотворенного из праха. Поэтому, со времен Адама враг дьявол стремится заполучить человека в добычу, мучает и терзает его при любой возможности. Как мухи, комары, личинки обитают в грязных местах, так и враг дьявол обитает в людях, чье сердце наполнено грехом, нечестием, злым нравом и берет в заложники их разум. Мы должны понимать, что только те, кто живет и поступает по Слову Божию, могут быть исцелены от болезней.

2. Сила Божия исцелила слепого

В Марка 8:22-25, находим следующее:

Приходит в Вифсаиду; и приводят к Нему слепого и просят, чтобы прикоснулся к нему. Он, взяв слепого за руку, вывел его вон из селения и, плюнув ему на глаза, возложил на него руки и спросил его: видит ли что? Он, взглянув, сказал: вижу проходящих людей, как деревья. Потом опять возложил руки на глаза ему и велел ему взглянуть. И он исцелел и стал видеть все ясно.

Когда Иисус молился о слепом, Он плюнул ему на глаза. Почему слепой стал видеть не сразу после первой молитвы Иисуса, а только после второй Его молитвы? Своей силой Иисус мог полностью исцелить человека, но поскольку вера человека была мала, Иисус помолился второй раз и помог ему обрести веру. Так Иисус учит нас, что когда кто-то неспособен получить исцеление при первой молитве, необходимо молиться за него два, три и даже четыре раза, покуда в человеке не произрастет семя веры, посредством которой он сможет поверить в возможность исцеления.

Для Иисуса не было ничего невозможного. Он помолился, но и еще раз помолился, зная, что слепой, по своей вере, исцелен быть не мог. Что же нам делать? Продолжать мольбу и молитву до тех пор, пока не получим исцеления.

В Иоанна 9:6-9 человек, родившийся слепым, исцелился брением из плюновения, которое Иисус сделал из земли и слюны и возложил ему на глаза. Зачем Иисус исцелил человека, плюнув на землю, смешав слюну с землей и положив эту смесь ему на глаза? Слюна здесь не относится ни к чему нечистому; Иисус плюнул на землю, чтобы сделать земляную кашицу и положить ее на глаза человеку. Он сделал так потому, что под рукой не было воды. Когда ребенок поцарапается или его укусит насекомое, родители часто смазывают своей слюной поврежденное место, делая это ласково и заботливо. Нам следует постигнуть любовь нашего Господа, который применял различные способы для того, чтобы помочь слабым обрести веру.

Когда Иисус положил брение на глаза слепого, тот почувствовал прикосновение этого и обрел веру, исцелившую его. После того, как Иисус дал веру слепому, потому что его вера была слишком малой, Он открыл ему глаза Своей силой.

Иисус говорит нам: *Вы не уверуете, если не увидите знамений и чудес* (Иоанна 4:48). И сегодня невозможно помочь людям обрести веру в Слово Божье, если они не увидят исцелений и чудес. Во времена, когда прогресс науки, казалось бы, достиг невиданных высот, особенно трудно человеку обрести духовную веру, веру в незримого очами Бога. «Увидел и уверовал», – каждый из нас неоднократно слышал эти слова. Потому исцеления, «чудесные знамения», и необходимы, что укрепляют веру людей, свидетельствуют о Живом Боге.

3. Сила Божья исцелила калеку

Когда Иисус проповедовал Благую Весть и исцелял людей, Его апостолы также являли чудеса силы Божьей.

Стоило Петру сказать нищему калеке: *«Именем Иисуса Христа Назорея, иди!»* (ст. 6) – и взять его за правую руку, ноги его сразу же окрепли, и он начал ходить (Деяния 3:6-10). Увидев чудесные знамения, явленные Петром, когда на него снизошла сила Божья, множество людей уверовало. Они выводили своих больных на улицу, так чтобы хотя бы тень Петра коснулась их и даровала исцеление. Толпы страждущих собрались в окрестностях Иерусалима, куда приводили своих больных и одержимых, и каждый был исцелен (Деяния 5:14-16).

В Деяниях 8:5-8 говорится: *«Так Филипп пришел в город Самарийский и проповедывал им Христа. Народ единодушно внимал тому, что говорил Филипп, слыша и видя, какие он творил чудеса. Ибо нечистые духи из многих, одержимых ими, выходили с великим воплем, а многие расслабленные и хромые исцелялись. И была радость великая в том городе».*

В Деяниях 14:8-12 говорится о калеке, который с детства не мог ходить. Услышав проповедь Павла, он принял веру для спасения, а когда Павел приказал ему *«встать и идти»* (ст. 10), он тут же вскочил на ноги и начал ходить. Свидетели этого чудесного происшествия стали утверждать, что *«боги снизошли к нам в человеческом обличье»!* (ст. 11)

В Деяних 19:11-12 сказано: *«Бог же творил немало чудес руками Павла, так что на больных возлагали платки и опоясания с тела его, и у них прекращались болезни, и злые духи выходили из них».* Как удивительна и чудесна сила Божья!

Через сердца людей, достигших святости и полноты любви подобно Петру, Павлу, дьяконам Филиппу и Стефану, сила Божья являет себя и поныне. Когда люди предстают пред Богом с верою, желая исцеления их болезней, они могут быть исцелены молитвой, произнесенной Божьими служителями, через которых Он действет могущественно.

С момента основания церкви Манмин Бог Живой дозволил мне являть всевозможные знамения и чудеса, насаждая веру в сердцах прихожан и наблюдая великое пробуждение.

Пришла однажды ко мне женщина, страдавшая от побоев от своего негодного мужа-алкоголика. У нее был поврежден зрительный нерв, и доктора ничего не смогли сделать, чтобы вернуть ей зрение. Женщина пришла в церковь Манмин, когда узнала об этом. Она прилежно участвовала в собраниях, искренне молилась об исцелении. Получив мою молитву, она исцелилась: к ней вернулось зрение. Сила Божья полностью восстановила зрительный нерв, казалось бы, поврежденный навсегда.

Однажды в церковь привели мужчину, который страдал от сложнейшего перелома позвоночника. Вся нижняя часть тела была парализована, и ему грозила ампутация ног. Приняв Иисуса Христа, он уже не нуждался в ампутации, но мог передвигаться только на костылях. Затем он начал посещать церковь Манмин, и вскоре после пятничного всенощного собрания, получив мою молитву, этот человек полностью исцелился. Теперь он ходит без костылей и свидетельствует о Господе.

Сила Божья может полностью исцелить немощи, неподвластные медицинской науке. В Иоанна 16:23 Иисус дает обетование: *«Истинно, истинно говорю вам: о чем ни попросите Отца во имя Мое, даст вам»*. Да уверуете вы в чудесную силу Божью, да ищите ее искренне, да получите вы ответы на все молитвы об исцелении, и да станете вестниками Благой Вести Бога Живого, молюсь я во имя нашего Господа!

Глава 6

Исцеление одержимых

Марка 9:28-29

И как вошел Иисус в дом,

ученики Его спрашивали Его наедине:

почему мы не могли изгнать его?

И сказал им: сей род не может выйти иначе,

как от молитвы и поста.

В последние дни охладеет любовь

Достижения современной науки и технический прогресс принесли человечеству материальное благополучие и позволили людям добиваться все больших удобств и выгод. В то же самое время эти два фактора привели к отчуждению, льющемуся через край эгоизму, изменам, комплексам неполноценности среди людей. Любви становится меньше, а понимание, прощение трудно найти.

Как предсказано в Матфея 24:12, *«по причине умножения беззакония, во многих охладеет любовь»*. Во время расцвета нечестия, когда охладевает любовь, одной из серьезнейших проблем общества сегодня становится увеличение числа людей, страдающих психическими расстройствами, такими как нервные расстройства и шизофрения.

Психиатрические учреждения изолируют пациентов, которые неспособны вести нормальную жизнь, но соответствующего лечения психиатрических заболеваний пока не найдено. Если годы лечения не дают результатов, семьи теряют терпение. Во многих случаях игнорируют и отказываются от таких пациентов, которые становятся как сироты. Пациенты, оторванные от семьи, или не имеющие родственников, не способны функционировать так, как это делают нормальные люди. И хотя им требуется истинная любовь близких, не многие показывают свою любовь к таким людям.

В Библии мы находим много примеров, когда Иисус исцелял людей, одержимых бесами. Почему Писание упоминает эти случаи? При приближении кончины века, любовь охладевает и сатана мучает людей, заставляет их страдать от душевных расстройств и делает их детьми дьявола. Сатана мучает, заставляет болеть, запутывает, растлевает грехом и злом разум человека. Поскольку общество пропитано грехом и нечестием люди стали скоры на зависть, ссоры, ненависть, человекоубийство. С приближением последних дней христиане должны быть способны различать истину от неправды, хранить веру и проводить жизнь здоровую физически и умственно.

Рассмотрим, что является причиной сатанинского подстрекательства и мучения и что влияет на рост числа одержимых сатаной и бесами, страдающих от психических расстройств в современном обществе, достигшем значительного научного прогресса.

Как наступает одержимость сатаной

У каждого есть совесть и большинство людей живет по совести, но стандарт совести у каждого свой и вытекающие из этого результаты, соответственно, разные. Это происходит потому, что все родились и воспитывались в разном окружении и условиях. Каждый видел, слышал и учился разному от родителей, дома, в школе и зафиксировал различную информацию.

Слово Божие, которое есть истина, говорит: *«Не будь побежден злом, но побеждай зло добром»* (Римлянам 12:21), и одновременно убеждает нас, *«не противься злому. Но кто ударит тебя в правую щеку твою, обрати к нему и другую»* (Матфея 5:39). Поскольку Слово учит любви и прощению, норма суждения «проиграть, значит победить» вырабатывается у тех, кто верит этому. С другой стороны, если человек научился, когда его ударят, отплачивать тем же, он придет к суждению, которое предписывает, что сопротивление – действие храброго, а отступление без сопротивления – трусость. Три фактора – индивидуальный стандарт суждения каждого, праведность или неправедность жизни и степень компромисса с миром – формируют в разных людях разную совесть.

Поскольку люди ведут свою жизнь по-разному и совесть их, соответственно, разная, враг Бога сатана использует это, чтобы перемешивая мысли и подстрекая ко греху, ввести людей в искушение жить в соответствии с греховной природой, противоположной праведности и добру.

В сердце человеческом присутствует конфликт между желанием водительства Духа Святого к жизни по закону Божию и желаниями греховной природы, которая принуждает гоняться за вожделениями плоти. Поэтому в Послании к Галатам 5:16-17, Бог настаивает: *«Я говорю: поступайте по духу, и вы не будете исполнять вожделений плоти, ибо плоть желает противного духу, а дух – противного плоти: они друг другу противятся, так что вы не то делаете, что хотели бы».*

Если будем жить по желанию Духа Святого, то наследуем царство Божие; если же не будем жить по Слову Божию, но следовать желаниям своей греховной природы, то царствия Его не наследуем. Поэтому Бог предупредил нас, как написано в Послании к Галатам 5:19-21:

Дела плоти известны; они суть: прелюбодеяние, блуд, нечистота, непотребство, идолослужение, волшебство, вражда, ссоры, зависть, гнев, распри, разногласия, [соблазны,] ереси, ненависть, убийства, пьянство, бесчинство и тому подобное. Предваряю вас, как и прежде предварял, что поступающие так Царствия Божия не наследуют.

Так как же человек становится одержим бесами?

Сатана размешивает вожделения греховной природы человека, чье сердце исполнено греховной сути, через мысли. Если человек не способен контролировать свой разум и совершает поступки, продиктованные греховной природой, чувство вины поселяется у него в сердце, а его сердце постепенно становится более и более порочным. Когда дела греховной природы складываются, в конце концов человек теряет способность контролировать себя и вместо этого делает то, к чему его подстрекает сатана. Про такого говорят, что он «одержим» сатаной.

Например, предположим, есть некий ленивец, который не любит работать, а предпочитает пить и праздно проводить время. Такого человека сатана будет провоцировать и контролировать его разум, чтобы он погряз в пьянстве и бесполезном времяпрепровождении, а работа чтобы стала для него обременительной. Сатана также уведет его от благочестия, то есть истины, украдет силы наладить жизнь и превратит его в человека некомпетентного и бесполезного. Поскольку человек живет и ведет себя по мыслям сатаны, он неспособен отделаться от сатаны.

Кроме этого, поскольку сердце его становится все более нечестивым и он уже не противится злым мыслям, вместо того, чтобы контролировать свое сердце, он делает что ему угодно. Захочет разозлиться – будет злиться, чтобы получить удовлетворение; захочет подраться или поругаться – будет драться и ругаться сколько ему вздумается; захочет выпить – будет неспособен удержаться от пьянства. Когда все это накапливается, то с определенного момента он уже не будет способен контролировать свои мысли и сердце и обнаружит, что все происходит против его воли. Когда процесс завершается он становится одержим бесами.

Причина одержимости бесами

Существует две причины, по которым человек разжигается сатаной, а затем становится одержимым бесом.

1. Родители

Если родители отвернулись от Бога, поклонялись идолам, которых Бог ненавидит и находит гнусными, или совершили какое-то необычайное зло, тогда силы злых духов проникнут в детей и, если не будут вовремя замеченными, дети станут одержимы бесами. В таком случае родителям надо прийти пред Бога, искренне покаяться в грехах, отвернуться от греховных путей своих и умолять Бога о своих детях. Тогда Бог увидит всю глубину покаяния сердца родителей и явит дело исцеления, развязав цепи неправды.

2. Сам одержимый

Независимо от грехов родителей, человек может стать одержимым бесами из-за своей собственной неправды, включая нечестие, гордыню и все остальное. Такой человек не может самостоятельно молиться и покаяться, но когда он принимает молитву служителя Божия, который проявляет Его силу, узы неправды могут быть развязаны. Когда бесы изгнаны и человек приходит в чувство, его нужно научить Слову Божию, чтобы у него вместо сердца, некогда погрязшего во грехе и нечестии, стало сердце истины.

Поэтому, если в семье, или среди родственников есть одержимый бесами, семья должна определить, кто будет молиться от лица страдающего. Это нужно потому, что сердце и разум одержимого контролируется бесами и сам он не способен что-либо делать по своей воле. Он ни молиться, ни слушать Слово истины не может, таким образом, не может и жить по истине. Поэтому вся семья, или даже только один член семьи, обязаны молиться за него в любви и сострадании, чтобы одержимый мог жить в вере. Когда Бог увидит преданную молитву и любовь в семье, Он явит дело исцеления. Иисус сказал нам любить ближнего своего, как самого себя (Луки 10:27). Если ты не способен молиться и предстоять за члена собственной семьи, одержимого бесами, как же скажешь, что любишь ближнего?

Когда семья и друзья одержимого бесами принимают решение, каются, молятся с верой в силу Божию, предстоят в молитве с любовью, насаждают семя веры, то силы бесов будут изгнаны и тот, кого они так любят, преобразится в мужа истины, которого Бог защитит и оградит от бесов.

Способы исцеления одержимых бесами

Во многих местах Библии встречаются рассказы об исцелении одержимых бесами. Посмотрим, как они получали исцеление.

1. Противостать силам бесовским

В Марка 5:1-20 мы находим рассказ о человеке, одержимом нечистым духом. Стихи 3-4 объясняют: *«он имел жилище в гробах, и никто не мог его связать даже цепями, потому что многократно был он скован оковами и цепями, но разрывал цепи и разбивал оковы, и никто не в силах был укротить его».* Из Марка 5:5-7 узнаем, что *«всегда, ночью и днем, в горах и гробах, кричал он и бился о камни; увидев же Иисуса издалека, прибежал и поклонился Ему, и, вскричав громким голосом, сказал: что Тебе до меня, Иисус, Сын Бога Всевышнего? заклинаю Тебя Богом, не мучь меня!»*

Таков был ответ на приказ Иисуса: *«Выйди, дух нечистый, из сего человека!»* (ст. 8) Сцена показывает, что люди еще не знали, что Иисус – Сын Божий, а вот нечистый дух знал точно, кто такой Иисус и какой силой Он обладал.

Иисус спросил его: *«как тебе имя?»* И одержимый бесами ответил: *«легион имя мне, потому что нас много»* (ст. 9). Одержимый снова и снова умолял Иисуса, чтобы Он не высылал их вон из страны, а потом просил послать их в свиней. Иисус спросил имя не потому, что не знал его; Он спросил имя, как судья при допросе нечистого духа. Кроме того, «легион» означает, что огромное число бесов держали того человека в заложниках.

Иисус дозволил «легиону» войти в стадо свиней,

которые устремились с крутизны в море и потонули. Когда мы изгоняем бесов, мы должны делать это Словом истины, которое символизирует вода. Когда люди увидели что тот, кого силами человеческими никто укротить не мог, полностью исцелен, сидит и одет, и в здравом уме, они испугались.

Как же изгонять бесов сегодня? Их должно изгонять во имя Иисуса Христа в воду, символизирующую Слово, или в огонь, который символизирует Духа Святого, чтобы они потеряли свою силу. Однако, поскольку бесы – существа духовные – они изгоняются, когда молится тот, кто имеет силу изгонять бесов. Когда не имеющий веры человек пытается изгнать их, бесы в свою очередь, унизят и поглумятся над ним. Таким образом, чтобы исцелить одержимого бесами, человек Божий, кто в силе изгнать их, обязан молиться за одержимого.

Однако, иногда бесы не подчиняются, даже когда человек Божий изгоняет их во имя Иисуса Христа. Такое происходит, если одержимый богохульствовал или произносил хулу на Духа Святого (Матфея 12:31; Луки 12:10).

Исцеление не может быть явлено тем бесноватым, кто умышленно продолжает грешить после того, как приняли познание истины (Евреям 10:26).

Более того, в Послании к Евреям 6:4-6 читаем: *«Ибо невозможно – однажды просвещенных, и вкусивших дара небесного, и соделавшихся причастниками Духа Святаго, и вкусивших благого глагола Божия и сил будущего века, и отпадших, опять обновлять покаянием, когда они снова распинают в себе Сына Божия и ругаются Ему».*

Теперь, зная это, мы должны хранить себя так, чтобы никогда не совершить грехов, за которые не сможем получить прощения. Нужно также различать в истине, может ли быть исцелен молитвой одержимый бесами, или нет.

2. Вооружиться истиной

Как только бес изгнан из человека, его сердце должно быть наполнено жизнью и истиной. Это приходит через усердное чтение Слова Божия, хвалу и молитву. Даже если бесы изгнаны, но человек продолжает жить во грехе и не вооружает себя истиной, изгнанные бесы вернутся и приведут с собой других, еще злее. Помните, что в этом случае состояние человека будет гораздо хуже того, когда бес вошел в него впервые.

В Матфея 12:43-45 Иисус говорит нам следующее:

Когда нечистый дух выйдет из человека, то ходит по безводным местам, ища покоя, и не находит; тогда говорит: возвращусь в дом мой, откуда я вышел. И, придя, находит его незанятым, выметенным и убранным; тогда идет и берет с собою семь других духов, злейших себя, и, войдя, живут там; и бывает для человека того последнее хуже первого.

Небрежность при изгнании бесов недопустима. Более того, друзья и семья одержимого должны понимать, что после изгнания бесов, человеку требуется еще больше любви и заботы. О нем нужно жертвенно заботиться в молитвенном предстоянии и вооружать его истиной до тех пор, пока не будет получено полное исцеление.

Все возможно верующему

В Марка 9:17-27 есть рассказ о том, как Иисус, увидев веру отца, исцелил сына, одержимого духом немым и страдающего от эпилепсии. Рассмотрим кратко, как сын получил исцеление.

1. Семья должна показать свою веру

Сын, в Марка 9, был глух и нем из-за одержимости бесом. Он не понимал ни слова и общение с ним было невозможно. Мало того, нельзя было предусмотреть, где и когда проявятся приступы эпилепсии. Поэтому, потеряв всякую надежду, отец ребенка жил в постоянном страхе и мучении.

И вот, отец слышит о человеке из Галилеи, являющем чудеса оживления мертвых и исцеления различных болезней.

Луч надежды забрезжил во тьме отцовского отчаяния. Если это правда, то Галилеянин сможет исцелить и моего сына, поверил отец. Надеясь на удачу, отец привел своего сына к Иисусу и сказал Ему: *«если что можешь, сжалься над нами и помоги нам»* (Марка 9:22)

Услышав искреннюю просьбу отца, Иисус, в ответ на слова *«если что можешь»*, укорил отца за маловерие и сказал: *«если сколько-нибудь можешь веровать, всё возможно верующему»* (ст. 23). Отец слышал новость, но в сердце своем не поверил слышанному. Знал бы отец, что Иисус, будучи Сыном Божиим, всемогущ и что Он и есть сама Истина, не сказал бы «если». Дабы научить нас, что без веры Богу угодить невозможно и что без полной веры, какой только может веровать человек, невозможно получить ответ Божий, Иисус и укоряет отца за малую веру.

Веру в целом можно разделить на два типа. «Плотской верой» или «верой, как знанием» можно верить в то, что видит глаз. Но можно верить не видя, это «духовная вера», «истинная вера», «живая вера», «вера, сопровождающаяся действиями». Этот тип веры может создать нечто из ничего. Определение веры в Библии таково: *«Вера же есть осуществление ожидаемого и уверенность в невидимом»* (Евреям 11:1).

Страдающие от недугов, поддающихся человеческому лечению, могут получить исцеление, когда пламень Духа Святого выжигает болезнь. Такое происходит, когда страждущие показывают свою веру и исполняются Духа

Святого. Если начинающий жизнь веры заболевает, то может быть исцелен, если открывает свое сердце, слушается Слова и показывает веру. Если зрелый христианин, имеющий веру, заболевает, то может быть исцелен, исправив свои пути через покаяние.

Страдающие от болезней, неизлечимых с научной и медицинской точки зрения, должны показать веру, соответственно, большую. Если зрелый христианин, имеющий веру, заболевает, то может быть исцелен, открыв свое сердце, покаявшись в сокрушении сердца и вознося искреннюю молитву. Если заболевает тот, у кого мало, или нет веры, он не получит исцеления до тех пор, пока вера не будет дана ему и только по мере роста веры дело исцеления будет ему явлено.

Люди с физическими недостатками и наследственными болезнями могут быть исцелены только чудом Божиим. Следовательно, они должны показать Богу преданность и веру, в которых проявляется их любовь и желание быть угодным Ему. Только тогда Бог признает их веру и явит исцеление. Когда человек показывает ревностную веру Богу – как Вартимей искренне взывал к Иисусу (Марка 10:46-52), как сотник, показавший Иисусу свою великую веру (Матфея 8:5-13), как показали свою веру и посвященность расслабленный и его четыре друга (Марка 2:3-12) – Бог даст ему исцеление.

Подобным образом, поскольку исцеление одержимого бесами может быть только делом Божиим, а сам бесноватый не способен показать свою веру, для того, чтобы сошло на него исцеление с небес, другие члены семьи должны верить во всемогущего Бога и предстоять перед Ним.

2. Человек должен обладать такой верой, которой он может верить

В начале Иисус укорил отца, сын которого долгое время был одержим бесом, за недостаток веры. Когда же Иисус с уверенностью сказал – *«всё возможно верующему»* (Марка 9:23), уста отца произнесли позитивное исповедание: *«верую, Господи!»* Однако его верование было ограничено до уровня знания. Поэтому, отец со слезами взмолился, обращаясь к Иисусу: *«помоги моему неверию!»* (Марка 9:24) Услышав мольбу отца, а о искренности сердца, ревностности молитвы и вере его Иисус знал, Он дал отцу ту веру, которой отныне тот мог веровать.

Таким же образом, воззвав к Богу, и мы получаем ту веру, которой можем веровать. А имея веру такого типа, становимся годными для того, чтобы получать ответы на наши проблемы, и «невозможное» становится «возможным».

Как только отец обрел веру, которой мог веровать, Иисус приказал: *«дух немой и глухой! Я повелеваю тебе, выйди из него и впредь не входи в него»* и злой дух с визгом вышел из сына (Марка 9:25-27). Поскольку из уст отца вышла мольба о вере, которой тот мог уверовать и он жаждал вмешательства Божия – даже после того, как Иисус упрекнул его – Иисус явил поразительное дело исцеления.

Иисус ответил и даровал полное исцеление сыну, одержимому злым духом, лишившим его речи и страдающему эпилепсией – юноша часто падал на землю, изо рта шла пена, он скрежетал зубами и цепенел. Так вот, разве Бог не дозволит, чтобы все шло хорошо и не даст здоровья тем, кто живет по Его Слову и верует в силу Божию, для которой все возможно?

Вскоре после основания Манмин, молодой человек из провинции Ганг-Вон посетил церковь, о которой услышал. Он думал, что верно служит Богу, будучи учителем воскресной школы и участником хора. Однако, этот молодой человек был горд, не изгнал зло из сердца, а собирал в сердце грех ко греху. После того, как бес вошел и поселился в его нечистом сердце, молодому человеку пришлось тяжко страдать. Дело исцеления было явлено в ответ на искреннюю молитву и посвященность его отца. Когда бес был определен и изгнан молитвой, молодой человек упал на землю, изо рта у него шла пена и распространялся жуткий неприятный запах. После произошедшего жизнь молодого человека обновилась, когда он вооружился истиной в церкви Манмин. Сегодня он верно служит своей церкви в Ганг-Вон и воздает славу Богу, делясь благодатью свидетельства своего исцеления со многими и многими.

Да познаете, что сфера дел Божиих беспредельна и что в ней возможно все, дабы, когда взыщете в молитве, вы стали не только благословенными чадами Божиими, но дорогими Его сердцу святыми, чьи дела все во всякое время идут хорошо, во имя Господа нашего я молюсь!

Глава 7

Вера и послушание прокаженного Неемана

4 Царств 5:9-10; 14

*Итак, «прибыл Нееман на конях своих
и на колеснице своей,
и остановился у входа в дом Елисеев.
И выслал к нему Елисей слугу сказать:
пойди, омойся семь раз в Иордане,
и обновится тело твое у тебя, и будешь чист».
И пошел он и окунулся в Иордане семь раз,
по слову человека Божия, и обновилось тело его,
как тело малого ребенка, и очистился».*

Прокаженный военачальник Нееман

На протяжении жизни мы сталкиваемся с проблемами, большими и маленькими. Иногда эти разрешение этих проблем находится за пределами человеческих способностей.

В стране, которая называлась Арамея (Сирия и Месопотамия), к северу от Израиля, был военачальник по имени Нееман. Он командовал Сирийскими войсками, когда армия одержала победу в наиболее решающий для страны час. Нееман любил свою страну и верно служил своему царю. Государь его очень уважал, но генерал мучился от тайного недуга, о котором никто не знал.

Какова была причина его мучений? Нееман страдал не потому, что ему не хватало богатства или славы. Нееман был в отчаянии и глубоко несчастен в жизни потому, что был прокаженным. В то время болезнь была неизлечима.

Во времена Неемана страдающие проказой объявлялись нечистыми. Их заставляли жить в изоляции за пределами города. Страдания Неемана были невыносимы потому, что помимо боли у него были и другие проблемы, сопутствовавшие болезни. Симптомы проказы включали пятна на теле, особенно на лице, на руках и ногах, а также дегенерацию органов чувств. В тяжелых случаях выпадали брови, ногти на руках и ногах и внешность становилась просто страшной.

Нееман страдал от неизлечимой болезни и радости в жизни у него не было, но однажды он услышал добрую весть. Маленькая девочка, которую взяли в плен из земли Израильской, и которая служила жене Неемана, рассказала, что в Самарии есть пророк, который вылечил бы его от проказы. Не было такого, чего Нееман не сделал бы, чтобы получить исцеление, поэтому он рассказал царю о своей болезни и о том, что сказала служанка. Услышав, что его верный генерал может исцелиться от проказы, если поедет и предстанет перед пророком в Самарии, царь с радостью согласился помочь Нееману и даже написал о нем письмо царю Израильскому.

Нееман взял с собою десять талантов серебра, шесть тысяч сиклей золота, десять перемен одежд, письмо от царя и отправился в Израиль. В письме было сказано: *«вот, я посылаю к тебе Неемана, слугу моего, чтобы ты снял с него проказу его»* (ст. 6). В это время Сирия была сильнее Израиля. Царь Израильский, прочитав письмо, разодрал одежды свои и сказал: *«разве я Бог, что он посылает ко мне, чтобы я снял с человека проказу его?»* (ст. 7)

Когда Елисей, пророк Израильский, узнал об этом, то пришел к царю и сказал: *«для чего ты разодрал одежды свои? пусть он придет ко мне, и узнает, что есть пророк в Израиле»* (ст. 8). Когда царь Израильский послал Неемана в дом Елисея, то Елисей не встретился с генералом, а только передал с посланником слова: *«пойди, омойся семь раз в*

Иордане, и обновится тело твое у тебя, и будешь чист» (ст. 10).

Нееман оказался в весьма неловком положении. Он прошел весь дальний путь с конями и колесницами, пришел к дому пророка и что же, тот его не только не приветствует, но даже и не встретился с ним? Генерал разгневался. Он думал, что если сам командующий армией более сильной страны нанесет визит, то пророк его радушно встретит и возложит на него руки. Вместо этого Неемана ожидает холодный прием пророка, который посылает его умыться в Иордане, какой-то маленькой и грязной речке.

Во гневе Нееман решает вернуться домой: *«Разве Авана и Фарфар, реки Дамасские, не лучше всех вод Израильских? разве я не мог бы омыться в них и очиститься?»* (ст. 11-12) Когда Нееман уже был готов возвратиться домой, к нему приступили слуги: *«отец мой, если бы что-нибудь важное сказал тебе пророк, то не сделал ли бы ты? а тем более, когда он сказал тебе только: «омойся, и будешь чист»* (ст. 13). Рабы убедили своего господина послушаться указаний Елисея.

Что произошло, когда Нееман семь раз окунулся в Иордане, как научил его Елисей? Его тело стало чистым, как тело малого ребенка. Проказа, которая причиняла Нееману столько страданий, полностью исцелилась. Послушание Неемана человеку Божию полностью исцелило его от неизлечимой болезни и генерал признал Бога Живого и Елисея, человека Божия.

Испытав силу живого Бога – Бога Исцелителя проказы – Нееман вернулся к Елисею с исповеданием: *«Вот, я узнал, что на всей земле нет Бога, как только у Израиля... не будет впредь раб твой приносить всесожжения и жертвы другим богам, кроме Господа»*, и воздал славу Богу (4 Царств 5:15-17).

Вера и поступки Неемана

Рассмотрим веру и поступки Неемана, когда он встретился с Богом Целителем и исцелился от неизлечимой болезни.

1. Добрая совесть Неемана

Некоторые с готовностью принимают и верят людям на слово. С другой стороны, есть такие, кто безоговорочно ставит под сомнение все, что им говорят и не доверяют людям. Нееман был человеком с доброй совестью. Он не относился к словам других с пренебрежением, а отзывчиво принимал их. Он смог поехать в Израиль, подчиниться указаниям Елисея и получить исцеление потому, что не пренебрег, а был очень внимателен к словам маленькой девочки – служанки жены. Когда эта девочка, которую взяли в плен из земли Израильской сказала: *«о, если бы господин мой побывал у пророка, который в Самарии, то он снял бы с него проказу его»* (ст. 5), Нееман поверил ей. Если бы вы оказались на месте Неемана, что бы вы сделали? Приняли бы вы полностью ее слова?

Несмотря на достижения современной медицины, остается еще много болезней, перед которыми медицина бессильна. Если бы вы сказали кому-нибудь, что Бог исцелил вас от неизлечимой болезни, или вы исцелились, приняв молитву, как вы думаете, многие бы вам поверили? Нееман поверил словам маленькой девочки, пошел к своему царю за разрешением, приехал в Израиль и получил исцеление от проказы. Другими словами, поскольку Нееман имел доброе сердце, он смог принять слова маленькой девочки, когда она ему благовествовала, и поступить соответственно. Мы должны осознать – когда нам проповедано Евангелие, мы можем получить ответ на проблему только тогда, когда верим проповеди и приходим пред Бога так, как это сделал Нееман.

2. Нееман отказывается от собственных мыслей

Когда Нееман при содействии своего царя приехал в Израиль и пришел к дому пророка Елисея, который мог исцелить проказу, его ожидал холодный прием. Очевидно, что он разгневался на Елисея, когда тот не принял высокого гостя. В глазах неверующего Неемана, Елисей не приветствовал верного слугу царя Сирии, хотя сам не имел ни славы, ни высокого социального статуса. Вместо этого он через посыльного велел Нееману омыться семь раз в Иордане. Более того, Нееман был в ярости, потому, что лично он был послан самим царем Сирии и Месопотамии. К тому же, Елисей даже руки на больное место не возложил, и вместо этого только послал сказать, что он может очиститься, когда омоет себя в этой маленькой и грязной речке Иордане.

Нееман разгневался на Елисея и на действия пророка, которых не мог понять и посчитал бессмысленными. Он собрался домой, думая, что у него в стране много других больших и чистых рек и он очистится, омывшись в любой из них. Но в этот момент рабы Неемана уговорили его послушаться указания Елисея и окунуться в воды Иордана.

Поскольку у Неемана было доброе сердце, генерал не стал действовать сообразно своему разумению, а решил подчиниться указаниям Елисея и направился к Иордану. Много ли людей, обладающих социальным положением Неемана покаялись бы и подчинились, если бы их слуги уговаривали, или низшие чины?

Как мы находим в Исаии 55:8-9, *«Мои мысли – не ваши мысли, ни ваши пути – пути Мои, говорит ГОСПОДЬ. Но как небо выше земли, так пути Мои выше путей ваших, и мысли Мои выше мыслей ваших».* Когда мы держимся за свои человеческие мысли и теории, – не можем подчиниться Слову Божию. Вспомним конец царя Саула, после того, как он не подчинился Богу. Когда мы руководствуемся человеческими мыслями, а не подчиняемся воле Божией –

совершаем акт неповиновения. Если же не признаем своего неповиновения, то должны помнить, что Бог отвергнет и признает нас негодными, как Он отверг царя Саула.

В 1 Царств 15:22-23 читаем: *«Послушание лучше жертвы и повиновение лучше тука овнов. Ибо непокорность есть такой же грех, что волшебство, и противление то же, что идолопоклонство»*. Нееман дважды подумал, отказался от своих мыслей и подчинился указаниям Елисея, человека Божия.

Это для нас знак: мы должны помнить, что можем достичь желания сердца нашего только отбросив сердце непокорное и превратив его в сердце, полностью покорное воле Божией.

3. Нееман подчиняется Слову пророка

Следуя указаниям Елисея, Нееман сошел в Иордан и омылся. Много было рек шире и чище Иордана, но указание Елисея пойти к Иордану имело духовное значение. Река Иордан символизирует спасение, а вода – символ Слова Божия, очищающего грех человека и делающего его способным достичь спасения (Иоанна 4:14). Поэтому Елисей хотел, чтобы Нееман омыл себя в Иордане, что и привело его к спасению. Не важно, насколько шире и чище могут быть другие реки – они не ведут человека к спасению и ничего общего с Богом не имеют, таким образом в других водах дело Божие не может быть явлено.

Как говорит Иисус в Иоанна 3:5, «*истинно, истинно говорю тебе, если кто не родится от воды и Духа, не может войти в Царствие Божие*». После того, как Нееман омыл себя в Иордане, ему открылась дорога к получению прощения грехов, к спасению и встрече с Живым Богом.

Почему же Нееману нужно было омыть себя семь раз? Число «7» – полное число, которое символизирует совершенство. Когда Елисей дал Нееману указание омыться семь раз, он приказал генералу получить прощение грехов и вполне пребыть в Слове Божием. Только тогда Бог, которому все возможно, проявит дело исцеления и уврачует неизлечимую болезнь.

Таким образом, мы знаем, что Нееман получил исцеление от проказы, против которой медицина и силы человеческие были тщетны потому, что послушался слову пророка. Об этом Писание говорит просто: «*Ибо слово Божие живо и действенно и острее всякого меча обоюдоострого: оно проникает до разделения души и духа, составов и мозгов, и судит помышления и намерения сердечные. И нет твари, сокровенной от Него, но все обнажено и открыто перед очами Его: Ему дадим отчет*» (Евреям 4:12-13).

Нееман пришел пред Бога, для которого нет ничего невозможного, отказался от своих мыслей, покаялся и подчинился Его Воле. Когда Нееман окунулся семь раз в Иордане, Бог увидел его веру, исцелил его от проказы и плоть Неемана восстановилась и стала чистой, как у малого ребенка.

Показав простое свидетельство, доказывающее, что исцеление проказы было возможно только Его силой, Бог говорит нам, что любая неизлечимая болезнь может быть исцелена, когда мы угодны Ему своей верой, подкрепленной нашими поступками.

Нееман воздает славу Богу

После того, как исцелился, Нееман вернулся к Елисею и исповедовал: *«вот, я узнал, что на всей земле нет Бога, как только у Израиля... не будет впредь раб твой приносить всесожжения и жертвы другим богам, кроме Господа»* (4 Царств 5:15-17) и воздал славу Богу.

В Луки 17:11-19 есть сцена, когда десять человек встречают Иисуса исцеляются от проказы. Однако, только один из них возвратился к Иисусу громким голосом прославляя Бога и пал ниц к ногам Его, благодаря Его. В стихах 17-18, Иисус спрашивает вернувшегося: *«не десять ли очистились? где же девять? как они не возвратились воздать славу Богу, кроме сего иноплеменника?»* В следующем стихе 19, Он говорит этому человеку: *«встань, иди; вера твоя спасла тебя»*. Если мы принимаем исцеление силой Божией, мы не только должны воздать славу Богу, принять Иисуса Христа и достичь спасения, но должны и жить по Слову Божию.

У Неемана был тот тип веры и поступков, которыми он мог быть исцелен от неизлечимой в то время проказы. У него было доброе сердце, чтобы поверить словам маленькой полонянки – служанки. У него была вера того типа, которой он приготовил ценный подарок для визита к пророку. Он показал своими поступками послушание, несмотря на то, что указания пророка не совпадали с его собственными мыслями.

Нееман, язычник, в свое время страдал от неизлечимой болезни, но, благодаря этой болезни, встретил Живого Бога и испытал дело исцеления. Любой, кто придет пред Всемогущего Бога и покажет свою веру и дела, получит ответы на все свои проблемы и не важно, насколько трудными они могут быть.

Да пребудет в вас драгоценная вера, да будет видна она из поступков и да получит каждый ответы на проблемы в жизни и станет каждый из вас благословенным святым, воздающим славу Богу, во имя Господа я молюсь.

Автор –
д-р Джей Рок Ли

Д-р Джей Рок Ли родился в 1943 году в городе Муан, в провинции Джэоннам Корейской Республики. С двадцати четырех лет д-р Ли страдал от различных неизлечимых заболеваний и в течение семи лет ждал смерти, без всякой надежды на исцеление. Но однажды, весной 1974 года, сестра привела его в церковь, где он упал на колени и молился, и Живой Бог мгновенно исцелил его от всех болезней.

С той минуты, как д-р Ли встретился с Живым Богом, он искренне возлюбил Его всем сердцем, и в 1978 году он был призван на служение Богу. Он усердно молился, чтобы ясно уразуметь волю Божью, полностью исполнить ее и повиноваться всякому слову Божьему. В 1982 году он основал Центральную церковь «Манмин» в городе Сеуле (Корея), и с того момента бесчисленные дела Божьи, включая чудесные исцеления и знамения Божьи, были явлены в этой церкви.

В 1986 году д-р Ли был рукоположен в пасторы на ежегодной Ассамблее Корейской церкви Христа в Сингкуоле, а спустя ещё четыре года, в 1990 году, его проповеди начали транслироваться по каналам Дальневосточной вещательной компании, Азиатской вещательной компании и Вашингтонской христианской радиостанции в Австралии, России, на Филиппинах и во многих других странах.

Через три года, в 1993 году, журнал *Christian World* (США) внес Центральную церковь «Манмин» в список пятидесяти лучших церквей мира; колледж Христианской веры в штате Флорида (США) присвоил д-ру Ли степень почетного доктора богословия; а в 1996 году Теологическая семинария Кингсвэй (штат Айова, США) присвоила ему степень доктора.

С 1993 года д-р Ли, проводя евангелизационные служения в Израиле, США, Танзании, Аргентине, Уганде, Японии, Пакистане,

Кении, на Филиппинах, в Гондурасе, Индии, России, Германии и Перу, стал лидером мировой миссионерской деятельности. В 2002 году за его усилия по проведению ряда впечатляющих объединенных христианских фестивалей известная христианская газета в Корее назвала его пастором мирового масштаба.

По данным на ноябрь 2015 год, членами Центральной церкви «Манмин» являются более ста тысяч человек. Более десяти тысяч филиалов церкви было основано по всему миру – как в Корее, так и за рубежом; в данное время более 103 миссионеров церкви работают в 23-х странах, включая США, Россию, Германию, Канаду, Японию, Китай, Францию, Индию, Кению и многие другие страны.

На момент публикации этой книги д-р Ли написал более 100-х книг, включая такие бестселлеры, как *Откровение о вечной жизни в преддверии смерти*, *Моя Жизнь, Моя Вера* (I и II), *Слово о Кресте*, *Мера Веры*, *Небеса* (I и II), *Ад* и *Сила Божья*. Его книги были переведены на 75 языков мира.

Его статьи на тему христианской веры публиковались в следующих периодических изданиях: *The Hankook Ilbo, The JoongAng Daily, The Dong-A Ilbo, The Munhwa Ilbo, The Seoul Shinmun, The Kyunghyang Shinmun, The Korea Economic Daily, The Korea Herald, The Shisa News* и *The Christian Press*.

В настоящее время д-р Ли возглавляет многие миссионерские организации и ассоциации. Он, в частности, является главой правления Объединенной церкви святости Иисуса Христа, президентом Международной миссионерской организации Манмин, основателем и председателем правлений «Глобальной христианской сети» (GCN), «Всемирной сети врачей-христиан» (WCDN), Международной семинарии Манмин (MIS).

Небеса (I) и (II)

Подробный рассказ о великолепных условиях, в которых живут граждане Неба, и красочное описание разных уровней Небесных царств.

Моя жизнь, моя вера (I) и (II)

Жизнь, которая расцвела благодаря несравненной любви Бога посреди мрачных волн, тяжести бремени и глубокого отчаяния, и источает самый благоуханный духовный аромат.

Слово о Кресте

Действенное пробуждающее послание ко всем, кто пребывает в духовном сне. Прочтя эту книгу, вы узнаете, почему Иисус является единственным Спасителем, и познаете истинную любовь Бога.

Мера веры

Какая обитель и какие венцы и награды приготовлены для вас на Небесах? Эта книга содержит в себе мудрость и наставления, необходимые для того, чтобы измерить свою веру и взрастить ее до меры полной зрелости.

Ад

Серьезное послание к человечеству от Бога, Который не желает, чтобы даже одна душа оказалась в пучине ада! Вы откроете для себя доселе не известные подробности жестокой реальности Нижней могилы и ада.